나이 들수록 베풀고 나누며 즐기는 멋진 인생
명품노인

나이 들수록 베풀고 나누며 즐기는 멋진 인생
명품노인

초판 1쇄 발행 2013년 6월 11일
초판 2쇄 발행 2013년 11월 25일

지은이 서사현
펴낸이 김영범
펴낸곳 토트 · (주)북새통

편집주간 김난희
편집 정수미
마케팅 김병국, 추미선
관리 최보현, 남재희

디자인 su:

주소 서울시 마포구 서교동 465-4 광림빌딩 2층
대표전화 02-338-0117
팩스 02-338-7161
출판등록 2009년 3월 19일 제 315-2009-000018호
이메일 thothbook@naver.com

© 서사현, 2013

ISBN 978-89-94702-32-2 13190

잘못된 책은 구입한 서점에서 교환해 드립니다.

명품 노인

나이 들수록 베풀고 나누며 즐기는 멋진 인생

― 서사현 지음 ―

토트

머리말

나도 처음 당해보는 늙음이다
하지만 노년은 모든 인간의 미래다

선배 노릇하며 살아온 지 어느덧 20여 년. 언제 나이 드는지 모르게 머리는 희끗희끗해지고 손마디는 뻣뻣해졌다. 돌이켜보면 시간은 이해가 안 될 만큼 빠르게 지나갔다. 내가 어떻게 늙었는지, 왜 늙었는지 기억이 안 난다. 게다가 내 마음은 패기 넘치던 40대와 그리 달라진 게 없다. 마음만 갖고 할 수 있다면 지금도 백두대간 아니라 히말라야라도 한걸음에 내달을 수 있을 것 같다.

그런데 이제는 손자손녀가 아니라도 사람들은 날 '할아버지'라 부르고, 늘그막에 대학원 다니는 것을 두고 '만학'이라 하며, 백두대간에 오르는 것을 보고 '노익장'이라 한다. 이제 내 인생도 후반전에 접어들었다는 얘기다.

내 인생은 참 단순하다. 가난한 포목장수의 아들로 태어나 형제들의 희생을 딛고 대학에 진학했고, 행정고시에 합격해 공무원이 되었다. 30년 가까운 시간을 공직에서 보내고, 이후 한전정보네트웍(현 KDN)과 파워콤, 중소기업유통센터 등의 공기업 사장을 지냈다. 그러고 나니 내 나이 환갑이 넘어 있었다. 그 사이 세 아이 모두 결혼해서 부모가 되었고, 나는 다섯 아이의 할아버지가 되었다. 곱기만 하던 아내도 이제는 지하철을 타면 젊은 사람들이 알아서 자리를 양보해준다며 쓸쓸한 미소를 지어 보인다.

다행히 세 아이 모두 잘 커서 제 앞가림은 하고, 아내나 나나 큰 병 없이 늙어가고 있으니 참 감사한 일이다. 하지만 '늙음'은 처음 당하는 일이다 보니 당황스러울 때가 종종 있다. 시대가 변해 사람들의 인식도, 삶의 방식도 달라졌는데, 나 혼자 착각 속에 살고 있는 것은 아닐까 하는 기우가 드는 것이다.

내게는 내가 이미 알고 있거나 미처 인식하지 못하고 있는 고정관념이 다양하게 뿌리를 내리고 있을 것이다. 이런 갖가지 고정관념을 깨고 새로운 패러다임에 적응할 수 있을까 스스로 고개를 갸웃거리곤 한다. 백세시대라 하여 다들 '호모 헌드레드'를 말하는 것을 보니, 별 사고 없으면 앞으로도 분명 20년은 넘게 더 살 것 같은데, 20년이라면 뒷방늙은이가 되어 입 닫고 살기에는 너무 긴 세월이 아닌가.

나는 1945년 8월 15일, 광복둥이로 태어났다. 일제치하를 겪어보지는 않았지만 피폐한 식민지의 유물 속에 살다가 여섯 살에 한국전쟁을 맞았다. 냄비 하나 등에 메고 부모님 손을 잡고 피난길에 올랐던 것이 지금도 기억에 선하다. 철이 들면서 나는 내 삶이 대한민국의 현대

사와 더불어 변화하고 있음을 깨닫게 되었다. 아무도 내게 '대한민국 남자'로 살라고 강요하지는 않았지만 왠지 나는 허투루 살아서는 안 된다는 생각을 하며 살아왔다. 게다가 내 이름에 '선비 사士'자를 넣어주신 외할아버지는 어릴 때부터 내게 '선비로 살아야 한다'는 생각을 강하게 심어주셨다. 그렇게 '450815'와 '선비 사士'는 내 생애 전반을 아우르는 운명이 되었다.

그런데 나이가 들다 보니 이 또한 젊은 사람들에게는 고정관념으로 비쳐지지 않을까 하는 우려가 생긴다. 우리 세대는 모두 삼강오륜三綱五倫의 시대, 아날로그 시대를 살아왔다. 하지만 그 세대는 이제 잊혀졌다. 우리 세대의 몫은 질곡의 세월을 견뎌 후세대에 배곯을 걱정 없는 나라를 물려주는 것이었고, 이제 그 역할을 다 한 것이다. 하지만 삶의 패러다임 자체가 빛의 속도로 변해가는 지금, 이 같은 변화는 누구도 피해갈 수 없다. 지금의 40대가 60이 되고, 70이 되는 날은 또 어떤 풍경이 펼쳐질지 알 수가 없다.

노년은 모든 인간의 미래다. 세상을 다 집어삼킬 듯 열정적으로 돌진하는 사람에게도 은퇴는 예고돼 있고, 10년, 20년 뒤에는 노년을 맞이해야 한다. 그래서 나는 후배들을 만날 때마다 거안사위居安思危의 정신으로, '젊음'으로 '늙음'을 준비해야 한다고 조언하곤 한다. 한 살이라도 젊을 때, 30대부터, 늦어도 40대부터는 60대 이후를 준비해야 노년을 즐겁게 맞이할 수 있다고 말이다.

우리나라는 OECD경제협력개발기구에 가입한 34개국 중 자살률 1위라는 불명예스러운 기록을 갖고 있다. OECD 평균 자살률이 10만 명당 11.2명이고 우리나라 자살률이 28.4명이라니 2.5배가 넘는 수치다. 노인의 자살률은 더 큰 문제다. 2009년 우리나라는 65세 이상 노인의 자살이 10만 명당 77명으로, 1990년 14.3명이었던 것에 비하면 채 10년도 안 돼서 무려 5.38배나 증가했다(2011년 3월, 한림대 김동현 교수 자료). 우리나라 노인 자살률이 전체 자살률에 비해 약 2.5배가 높다는 얘기다.

날마다 7, 8명의 노인이 스스로 목숨을 끊는다고 생각하면 아찔한 일이다. 또한 이 수치가 3년 전의 자료이니 지금은 또 얼마나 늘어났을지 모를 일이다. 노인의 자살률은 삶의 만족도가 그만큼 낮다는 것을 의미한다.

노년의 삶은 무엇일까. 늙어서도 자신을 지키며 즐겁게 살기 위해서는 어떤 것들이 필요할까. 나 역시 처음 당하는 늙음이고, 모르고 맞는 노년이다 보니 아직도 어리둥절할 때가 많지만 나이 70을 바라보고 있으니 이제 조금은 알 것 같다. 나이가 들수록 소중하게 여겨지는 것들, 내 나이 마흔에 준비했으면 좋았을 성싶은 것들 말이다.

나는 이 책을 통해 모두가 욕심내는 '명품'처럼 모두가 환영하는 '명품노인'은 어떤 사람인지 이야기해 보고 싶었다. 내가 명품노인이라는 테마에 집중하기 시작한 것은 2009년 9월, 건국대 일반대학원 석사과정에 입학하면서부터다. 대학원 진학 당시 나는 어떤 공부를 할까 오랜 시간 고민했다. 그러다 선택한 것이 사회복지학이었다. 평생 동안 공급 사이드에서 살아왔으니 이번에는 수요 사이드에 대해 알아보자는 생각에서였다.

대학원에서의 2년은 내게 많은 깨달음을 주었다. 나 자신의 늙음에 대해 고민하는 동시에 우리 세대 전반의 아픔과 고민에 대해 눈을 뜨게 된 것이다. 나의 테마는 자연스럽게 노인복지로 좁혀졌고, 「노인의 의사소통 기술과 자아존중감과의 관계」로 석사학위를 받았다. 이 책을 쓰게 된 것도 그때부터 이어온 고민과 고찰의 일부라고 할 수 있다. 노인들이 자아존중감을 유지하며 행복하게 살기 위해서는 누구에게나 환영받을 수 있는 명품노인이 되어야 한다는 생각이다.

오랜 생각 끝에 내가 정리한 명품노인이란 한마디로 '베풀고 나눌 줄 아는 노인'이다. 가지고 있는 것을 나눠주고 자신은 비우는 것이 진정으로 잘 늙는 것, 요즘 흔히 말하는 '웰에이징well-aging'이다. 그렇다면 무엇을 가지고 있어야 나눌 수 있는 것일까? 나는 그것을 사람, 돈, 건강, 일, 시간이라는 다섯 가지 요소로 정리해 보았다.

늘그막에는 무엇보다 돈이 있어야 한다는 사람도 있고, 다 가져도 건강을 잃으면 아무 소용없다는 사람도 있고, 노년의 가장 큰 두려움은 외로움이라고 말하는 사람도 있다. 다 맞는 말이다. 그런데 내가 겪어보니 '무엇이 먼저냐'도 아니고, '얼마나 가졌냐'도 아닌 것 같다. 중요한 것은 그 다섯 가지를 모두, 골고루 균형감 있게 갖추는 것이다. 그중 하나라도 기울거나 치우치면 삶의 질은 현격하게 떨어진다. 명품노인으로 살 수 없다는 얘기다.

이 다섯 가지 요소는 나이가 든다고 해서 저절로 만들어지는 것이 아니다. 사람도 돈도 다 일찍부터 노력해야 내 것으로 만들 수 있고, 건강도 일도 준비한 사람만이 누릴 수 있는 즐거움이다. 시간이라고 해서 무한정, 거저 주어지는 것은 아니다. 제대로 된 시간이란 즐거움이 있는 시간, 의미가 있는 시간이기 때문에 이 역시 노력을 통해 만들어 가야 내 것이 된다.

명품노인으로 살기 위한 요건들은 하나도 거저 주어지지 않는다. 그래서 일찍부터 그 중요성을 깨닫고 착실하게 준비해 나가야 한다. 나만 해도 생애설계Life Design가 부족했던 것 같다. 나이 들어 아이들 다 키워서 독립시키고 덩그러니 아내하고 둘만 남아 있으니 별의별 생각이 다 든다. 특히 젊어서부터 노년의 삶을 미리 준비했더라면 아내나 아이들과의 관계며 내 자신의 삶 역시 한결 매끄럽고 즐거웠을 텐데 하는 아쉬움이 남는다.

물론 이런 생각은 개인에 따라 다를 수 있다. 그렇다고 해서 그것이 틀린 것은 아니다. 나는 그저 내가 배우고 오랜 생각 끝에 얻은 소소한 깨달음을 이 책에서 말하고 싶었다. 판단과 실천 여부는 모두 독자의 몫으로 남겨두고 싶다. 나이가 들면 누구나 늙지만 어떻게 늙느냐는 사람마다 다르다. 노년을 건강하고 즐겁게 보내기 위해서는 준비를 해야 한다. 명품노인은 준비된 노인이기 때문이다.

2013년 6월 **서사현**

차례

머리말
나도 처음 당해보는 늙음이다
하지만 노년은 모든 인간의 미래다   4

프롤로그
명품노인이 갖추어야 할 5가지 요소   14

part 1 · 사람 relationship
인생에서 남겨야 할 가장 큰 이문은 사람이다

젊은 사람과 경쟁하지 마라   27
후배들에게 환영받는 '우래봉偶來鳳'   31
나이가 들면 입은 다물고 귀는 열어라   35

아집은 버리고 소신은 세워라　40
이용가치가 있는 사람으로 사는 즐거움　44
작게 통해도 크게 열리는 소통 훈련　47
내 인생의 1순위는 언제나 아내　53
가장의 지위와 권위는 스스로 지켜라　58
사랑을 주기 전에 사람부터 만들어라　64
효의 사회화, 그러나 머지않은 유턴　70

— 노후준비의 4가지 유형　76

part 2 · 돈 money
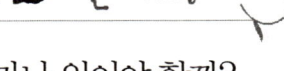

돈, 얼마나 있어야 할까?

노인의 절반은 빈곤하게 살고 있다　83
내 주머니에 든 사탕은 몇 개일까?　89
또 벌어야 한다 vs. 또 받으면 된다　92
자신을 위한 똑똑한 보험 들기　96
"99칸 집이나 짓고 살 놈"　101
소소한 돈 관리법　104
부모가 언제까지 자식을 지원해야 할까　108
죽기 전에 폼 나게 돈 쓰는 법　113

— 풍족한 노후를 위한 은퇴준비 4단계　117

part 3 · 건강 health

건강 없는 100세 시대는 재앙이다

천천히 그러나 분명히 다가오는 것   123
설악산에 50번만 더 오게 해주십시오   127
명품인생을 사는 데 필요한 식생법   130
늘그막의 작은 병은 신의 선물이다   134
몸의 병, 아는 것이 병일까?   137
수명 연장과 삶의 질 향상은 다르다   141
치매나 중증질환에 대한 심리적 결단   145
불 꺼진 집에 홀로 들어가는 고통   150

— **은퇴자금의 함정, 의료비와 간병비**   154

part 4 · 일 work

직장은 은퇴해도 일에서는 은퇴하지 마라

명품인생을 위한 무대 만들기   161
노년의 시간, 부가가치 만들기   165
내 은퇴를 막아준 은퇴연구소   168
섣부른 창업이 노화를 부추긴다   173

노는 것보단 적은 돈이라도 버는 것이 낫다　177
돈벌이를 떠나면 일이 더 즐거워진다　180

━ 은퇴준비 2대 포인트, 일과 돈　183

part 5. 시간 enjoy

시간도 돈도 즐길 줄 알아야 내 것이다

세월이 준 가장 큰 선물은 시간이다　191
그저 재미로 하는 일 좀 해도 괜찮다　195
세상 사람들은 생각보다 내게 관심 없다　199
삼시세끼 집밥 먹는 것이 가장 큰 즐거움?　203
검소한 사람의 구두도 닳는다　206
결혼은 서로의 다름을 즐기는 것이다　211
백두대간이 내게 말해준 것들　215

━ 생활을 더욱 풍요롭게 만들어주는 3가지 포인트　218

추천사　222

감사의 글　230

프롤로그

명품노인이 갖추어야 할 5가지 요소

내게 노년이 낯선 것처럼 늙음은 누구나 처음 맞이하는 인생의 통과의례 중 하나다. 나아가 백세시대로 예견되는 고령사회 또한 인류 역사상 처음 당하는 일이다. 이는 개인도, 사회도 연습 없이 맞아야 한다는 불안을 동반한다. 하지만 선배들의 경험에 비추어 미리 준비할 수는 있다. 먼저 은퇴하고 먼저 백발을 맞이한 선배들의 삶을 관찰해 보면 어떻게 사는 것이 명품노인으로서의 삶이며 어떤 것들을 준비해야 명품노인으로 살 수 있을지 가늠이 설 것이다.

산업화와 은퇴, 처음 맞이하는 고령사회

은퇴라는 개념이 생긴 것은 불과 100여 년밖에 안 된다. 산업혁명 이전에는 농경 중심의 사회였기 때문에 은퇴라는 개념 자체가 없었다. 그 전에는 너나 할 것 없이 날 밝으면 호미 들고 밭으로 나가 일하고 어두워지면 집에 들어오기를 죽을 때까지 반복했다. 영국에서 기술혁신에 기반을 두고 사회, 경제 구조의 변혁이 일어난 것이 18세기 중엽, 동남아시아와 아프리카, 라틴아메리카로 확산된 것은 20세기 후반의 일이다.

우리나라의 경우, 1960년대 이후 경제개발운동이 일어나면서 산업화와 도시화 현상이 나타나고 비로소 직장과 은퇴의 개념이 대두되었다고 할 수 있다. 그러니 대한민국에서 정식으로 은퇴를 맞이한 것은 우리 전후 세대가 처음인 것 같다.

물론 더 많은 시간이 흐른 뒤에는 은퇴의 개념도 많이 달라질 것이다. 과거에 비해 영양상태가 좋아지면서 60대, 70대에도 꾸준하게 사회활동을 영위하는 인구가 늘어나고 있고, 의학의 발달은 수명연장으로 이어지고 있다.

최근 60세 정년 의무화가 얘기되고 있지만 이는 사회에서의 은퇴와는 또 다른 개념이다. 우리나라에서는 만 65세 이상의 성인을 노인으로 간주하지만 이는 심신의 건강이나 기능 상태보다는 법적 규정이나 통계 또는 노인복지 대상의 기준으로 활용될 때가 더 많다. 그러다 보니 노인에 대한 개념도 개인마다 차이가 있다. 백발이 노년은 아닌 것이다.

내 경험에 비추어보면 20~30대에는 노년에 대한 생각을 거의 못했던 것 같다. 그때는 삶을 준비하기에도 바빴고, 조부모 외에는 노인들과 직접 만날 일도 거의 없었다. 노년은 나와는 무관한 일로만 여겨졌다. 그러다 40대에 접어들면서 주변의 어른들이 하나둘 병들고 세상을 떠나면서 비로소 '나도 더 이상 젊지 않구나!' 하는 생각이 고개를 들기 시작했다. 하지만 이때까지만 해도 내 자신의 노후보다는 아이들 키우고 가르치느라 정신이 없고, 사회적으로는 조직의 중추적인 역할을 수행하고 있었기 때문에 다른 생각을 할 겨를이 없었다.

하지만 50대에 이르면 너나할 것 없이 은퇴가 멀지 않았음을 느끼게 된다. 자녀들도 하나둘 결혼해서 부모 곁을 떠나고 직장에서의 성공이나 장기적인 비전은 이제 마무리 단계에 이르게 된다. 그제야 문득 노년이 머지않았음을 느끼고 정신을 차리지만 준비 없이 보내버린 시간 동안 놓쳐버린 것이 너무나 많음을 깨닫게 된다.

연습할 수 없으니 준비라도 해야 한다

젊을 때는 하루하루가 그렇게 고단하고 지루할 수가 없었다. 하지만 나이가 들어서 되돌아보니 내가 언제 이렇게 늙었나 싶게 짧은 인생이었다. 이제는 몸이 하루하루 다르다. 아침에 일어나도 기운이 없고, 일주일에 이틀 하는 출근이지만 많은 일정을 한꺼번에 소화하려니 몸이 부대낄 때가 많다. 젊어서는 일주일에 한 번 산에 다녀오면 온몸에 새로운 기운이 샘솟더니 이제는 어쩌다 다녀오는 산행에도 몸이 힘들어하는 것이 느껴진다. 하루하루 살아가는 것 자체가 녹록치 않은 일인 것이다.

그러니 젊어서 준비 없이 나이만 들었다면 삶이 얼마나 팍팍할 것인가. 그나마 나는 '자린고비' 소리 들을 만큼 근검절약하며 살아왔기에 먹고 살 걱정은 없지만 그것도 아직은 알 수 없는 일이다. 앞으로 10년을 더 살지, 20년을 더 살지 알 수 없는 까닭이다. 실제로 주변을 둘러보면 섣불리 사업을 시작했다 가진 것 다 날려버리고 자식들에게 몸을 의탁한 사람도 있고, 일찍이 퇴직을 해서 하릴없이 빈둥거리며 소일하는 사람도 적지 않다. 이들에게 삶은 무기력하기만 할 것이다. 그러는 사이 자존감도, 삶의 질도 급락하고 만다.

노년의 행복은 거저 얻어지는 것이 아니다. 경험 없이 맞이하는 것이다 보니 누구에게나 쉽지 않은 길이지만 시행착오를 겪으면 되돌릴 기회가 없으니 더욱 조심스럽다. 그나마 젊은 사람들에겐 준비할 기회가 있다. 기회란 언제나 준비하는 자의 것, 중년 이후의 행복 역시 준비하는 사람만이 누릴 수 있는 것이다.

노후준비라고 하면 경제적인 부분만 생각하기 쉽지만 돈만 있다고 해서 되는 것은 아니다. 돈은 젊어서나 늙어서나 똑같이 필요하지만 은퇴 이후 나이가 들면 경제적인 능력이 사라지기 때문에 더욱 부각되는 것뿐이다. 그렇다면 노년의 행복을 규정하는 요소에는 어떤 것들이 있을까?

나는 사람, 돈, 건강, 일, 시간이라는 다섯 가지 요소에 대해 오랫동안 생각해 왔다. 그중 일부는 젊을 때는 넘쳐서 문제가 되는 것들이다. 하지만 나이가 들면 하나같이 노력해야만 얻을 수 있는 것들이다.

그러니 뭐가 됐건 젊어서 열심히 하라고들 말하는 것이다. 젊어서는 뭔가를 해야 한다. 그래야 존중받고 환영받는다. 반면에 늙어서는 사람들에게 뭔가를 베풀어야 존재감이 생긴다. 뭐가 됐건 그러쥐고 있는 사람은 존중받기 어렵다. 그래서 늘그막에는 나눔과 비움에서 존재감을 찾아야 한다. 나누고 비우다 보면 거기서 오는 즐거움이 얼마나 큰지 느끼게 된다. 나누고 비우고 양보하고 줄여가는 것, 그래서 작아지고 낮아져서 점점 땅에 가까워지는 것, 그것이 늙음이다.

명품인생을 위한 다섯 가지 조건

가정과 사회에서 환영받는 '베푸는 어른', 즉 '명품노인'으로 살려면 활발한 대인관계, 적절한 경제력, 존재감을 느낄 수 있는 일, 스스로 자신을 관리할 수 있는 건강, 보다 즐거운 생활을 위한 여가활동 등 다섯 가지를 두루 갖추고 있어야 한다.

흔히들 늙을수록 돈이 있어야 한다고 말하지만 아무리 돈이 많아도 주변에 친구나 가족이 없으면 외로운 것이 인간이다. 특히 나이 들어서, 죽음이 한 걸음 한 걸음 다가오고 있다고 느껴질 때 주변에 사람이 없으면 그것만큼 두려운 일이 없다. 인간은 누구나 고독할 수밖에 없는 존재지만 또한 그 때문에 주변에 사람이 필요한 것이다. 우리는 한시도 관계를 떠나서 살 수 없다. 함께 잠을 자고 밥을 먹는 가족, 뜻이 잘 맞는 친구, 명절 때면 서로 안부를 전하는 선후배, 심지어 대문 앞에서 우연히 만나 인사를 나누는 이웃까지 소중하지 않은 사람이 없다.

물론 돈도 중요하다. 돈은 다른 네 가지 요소를 만들기 위한 도구가 되기도 한다. 돈이 있어서 베풀 줄 알면 주변에 사람이 모이고, 자기만의 무대를 만들어 소일할 수 있으며, 운동이나 꾸준한 건강검진, 질병 치료 등을 통해 건강관리에 만전을 기할 수도 있다. 또한 노년에 주어지는 많은 시간을 즐겁고 알차게 보내는 데도 돈은 필수적이다. 그래서 '늙어서는 돈이 최고'라고 하는 것이다.

이때 우리가 기억해야 할 것은 돈 그 자체가 목적은 아니라는 점이다. 재벌가에서 벌어지는 이혼이나 자살 소식은 종종 우리를 충격으로 몰아넣곤 한다. 밖에서 보면 '저런 사람은 도대체 뭐가 부족할까' 싶지만 그들의 마음속에는 돈으로도 채울 수 없는 구멍이 뚫려 있었던 것이다. 나는 그 구멍이 바로 사람이고, 일이고, 건강이며 보람되게 보내는 자기만의 시간이라고 생각한다.

일에 대한 생각도 비슷하다. 사람은 지속적으로 자존감을 충전해야만 즐겁게 살 수 있다. 나도 뭔가 할 수 있는 사람, 나도 뭔가 다른 사람에게 보탬이 되는 사람이라는 충족감을 느껴야 즐겁게 살 수 있다. 그것이 바로 존재감이다. 하지만 나이 들면서 가장 먼저 잃어버리는 게 바로 이 부분이 아닐까 싶다. 직장에서 은퇴하고 나면 바로 이빨 빠진 호랑이가 되어버린 듯한 느낌, 사회와 가정에서 쓸모가 다해서 팽당한 듯한 느낌, 특히 가족들이 나를 외면하고 있다고 느끼면 주변이 아무리 화려해도 마음이 허할 수밖에 없다. 이런 기분을 느낄 때 사람은 일순간에 폭삭 늙어버린다. 때문에 직장에서는 은퇴하더라도 일에서는 은퇴해서는 안 된다. 돈벌이와 상관없이 자신이 할 수 있는 일을 찾아야 한다.

건강에 대해서야 달리 말할 것도 없다. 나는 워낙에 건강한 체질이라 이날 이태껏 아파서 가족을 걱정시켜 본 일이 없다. 하지만 나보다 어린 나이에도 꼼짝 없이 침대에 누워 있어야 하는 사람도 더러 있고, 개중에는 벌써 세상을 떠난 사람도 있다. 또 불의의 사고로 급작스럽게 세상을 뜬 분들도 있다. 요즘처럼 의학이 발달한 시대에 나이 70을 못 채우고 떠나는 사람들을 보면 그렇게 아쉬울 수가 없다. 젊어서부터 정기적인 건강검진은 물론, 운동이나 음식조절 등에 꾸준히 신경을 써야 나이 들어서도 건강을 유지할 수 있다.

이와 더불어 자기만의 시간을 어떻게 관리할지에 대해서도 일찍이 관심을 갖는 것이 좋다. 나이가 들어서 자기 일을 못 찾으면 남아도는 것이 시간이다. 자기 자신을 깔끔하게 가꿀 줄도 알고, 여가에 즐길 취미도 있어야 활력을 유지하며 지낼 수 있다. 물론 젊을 때야 일만 하기에도 시간이 부족하지만 자기 자신에게 전혀 시간을 안 써본 사람이 은퇴 이후 시간이 남는다고 해서 갑자기 뭔가를 할 수 있게 되지는 않는다. 물론 가정을 꾸리고 사회생활을 하자면 일을 하고 돈을 버는 것에서 자유로울 수 없다. 하지만 일부러라도 시간을 내서 자신을 돌아보고 즐기며 살아야 후회가 남지 않는다.

한쪽으로 치우치지 않는 밸런스가 관건

하나를 가지면 하나가 아쉽고, 또 하나를 가지면 다른 하나가 아쉬운 것이 사람이다. 그래서 일찍부터 어떤 것들을 얼마나 가져야 하는지 분명히 알고 계획을 세우는 것이 중요하다. 그것이 바로 '라이프디자인 Life Design'의 개념이다.

사람, 돈, 일, 건강, 시간 등 명품노인의 요건도 다섯 가지가 골고루 균형을 이루는 것이 중요하다. 물론 이 모두가 풍족한 삶이라면 더없이 좋겠지만 많고 적음을 떠나 어느 하나도 넘치거나 부족하지 않고 적절한 밸런스를 이룰 때 진정으로 즐겁고 품위 있는 명품노인으로 살 수 있다.

사람은 저마다 가치를 두는 것이 조금씩 다르다. 어떤 사람은 돈이 가장 중요하다고도 하고, 어떤 사람은 돈이 가장 비천한 가치라고도 한다. 이런 생각은 어느 쪽에 틀렸다고 할 수 없다. 서로가 처한 상황이 다르니 기준점이 다를 뿐 그들이 도달하고 싶은 궁극적인 모습에는 큰 차이가 없을 것이다.

주변을 둘러보면 이 다섯 가지 요소의 균형이 깨져서 나머지 네 가지도 제대로 작동을 못 하는 사례를 쉽게 찾아볼 수 있다. 가족은 화목하지만 너무 가난해서 고통받는 사람, 돈은 많지만 주변에 사람이 없어서 외로운 사람, 돈도 있고 주변에 사람도 많지만 정작 자신은 병들어 꼼짝 못하는 사람, 할 일도 소일거리도 없어서 무력감에 사로잡힌 채 집안에만 틀어박혀 지내는 사람 등 옆에서 보면 남부러울 것 없는 사람도 정작 자신이 만족하지 못하는 경우는 얼마든지 있다.

다섯 가지 요소 중 하나라도 갖추어지지 않으면 나이가 들수록 스트레스가 커지고 답답해진다는 사실을 기억하고 일찍부터 이들 요소를 균형감 있게 준비해야 한다. 40대만 해도 돈 쓸 곳이 너무 많아서, 일이 너무 바빠서 가족이나 건강, 여가 등에 신경 쓸 틈이 없다고 생각하는 사람이 많다. 하지만 다섯 가지 요소 모두 한두 해 안에 만들 수 있는 게 아니라는 것을 자각하고 일찍이 준비를 시작해야 한다.

가족과의 관계는 아이들이 어려서 교육의 여지가 있을 때, 남편과 아내가 서로 젊어서 부부관계를 원활하게 만들 수 있을 때 기틀을 잡아야 한다. 젊다고 해서 건강을 과신하고 몸을 너무 혹사시키는 것도 위험하다. 이때 신경 쓰지 못하거나 함부로 한 것들은 결국 노년에 자신이 감당해야 할 숙제가 되어 돌아온다. 특히 돈은 젊어서 준비하지 않으면 나이가 들수록 돈 자체가 목적이 되어버린다. 돈이 삶의 목적이 되어버리면 다른 네 가지 요소를 지킬 수가 없다. 돈은 다른 모든 것들을 만들고 유지하기 위한 수단이라는 것을 기억하고 삶의 자세를 바로잡아야 한다.

주변을 둘러보면 60대 이후에도 활발하게 활동하고 있는 사람들을 만날 수 있다. 그들 중 마음을 끄는 사람이 있을 것이다. '저 선생님 멋지다', '저 선배처럼 살고 싶다'는 생각을 하게 만드는 사람이 있다면 유심히 관찰해볼 일이다. 그들은 분명 이 다섯 가지 요소를 균형감 있게 갖추고 있을 것이다. 이들 요소가 균형을 이뤄야 자신도 행복하고 다른 사람들이 보기에도 좋은 것이다.

지금 30대건 40대건 아직 멀었다고 생각해서는 절대 안 된다. 앞에서 얘기했던 것처럼, 나 또한 내가 언제 이렇게 늙었는지 모르겠다. 이해조차 안 된다. 하지만 지나고 나서 후회해봤자 아무 소용이 없다. 행동력이 넘칠 때 20년 노력해서 힘없는 노후 30년을 준비한다는 생각으로 30~40대 때부터 부족한 것들을 채워 나가면서 균형을 맞춰야 한다. 지금부터 연습하지 않으면 몸에 익지 않고 지금부터 준비하지 않으면 충분히 채울 수 없기 때문이다.

노년의 가장 큰 고통은 외로움이다.
돈도 중요하고 건강도 중요하지만 이런 것들을 통해
진정으로 얻고 싶은 것은 기쁨이고 행복이다.
아무리 돈이 많고 건강해도 고독한 사람은 절대 행복할 수 없다.
그러니 다 가졌어도 사람이 곁에 없다면 적자인생이다.
인생의 손익계산서에서 가장 먼저 남겨야 할 것은 바로 사람이다.

part
1

인생에서
남겨야 할 가장 큰 이문은
사람이다

젊은 사람과
경쟁하지 마라

일선에서 은퇴한 것이 2006년의 일이니 벌써 7년이 다 되어간다. 은퇴 이후 시간이 생기자 나는 드디어 내 오랜 숙원의 하나였던 대학원 입학 준비에 돌입했다. 그 즈음 내게 운명처럼 다가온 책이 『게으르지 않고 느리게 산다는 것』이었다. 이 책의 저자 기젤라 크레머는 '행복한 인생'을 주제로 오랜 시간 고민과 연구를 거듭해 온 사람이라는데, 그가 제시하는 '게으르지 않고 느리게 사는 9가지 방법'은 내 머릿속에 신선한 바람을 불어넣었다.

그가 제시하는 9가지 방법은 '셰익스피어의 교훈'에 착안한 것으로, 하나하나가 은퇴를 맞은 나를 위한 조언인 것만 같아 바로 수첩에 옮겨 적었다. 특히 첫 번째 항목은 수 십 년 만에 새롭게 공부를 시작하는 내게 큰 격려가 되었다. 바로 "학생으로 계속 남아 있어라"였다. 배움을 포기하는 순간, 우리는 폭삭 늙기 시작한다는 셰익스피어의 목소리가 귓가에 들리는 듯했다.

그 외의 모든 항목이 명품노인을 준비할 때 귀하게 여겨야 할 말들이다.

> 1. 학생으로 계속 남아 있어라.
> 2. 과거를 자랑하지 마라.
> 3. 젊은 사람들과 경쟁하지 마라.
> 4. 부탁 받지 않은 충고는 굳이 하려고 들지 마라.
> 5. 삶을 철학으로 대체하지 마라.
> 6. 아름다움을 발견하고 즐겨라.
> 7. 늙어가는 것을 불평하지 마라.
> 8. 젊은 사람에게 세상을 다 넘겨주지 마라.
> 9. 죽음에 대해 자주 말하지 마라.

과거를 자랑하며 젊은 사람들과 경쟁하려 하는 것 자체가 자신이 늙었음을 증명하는 것이나 다름없다. 나 역시 어느 순간, 후배들의 건강과 활력이 부럽고, 진취적으로 자신의 길을 열어가는 그들에게 상대적 박탈감을 느끼고, 나도 모르게 그들과 경쟁하고 있음을 깨달은 적이 있다. 그러면서 나도 모르게 '아, 나도 늙나보다!' 하는 생각을 하게 되었다.

사실 나이가 들면 젊은 사람들하고 경쟁하는 것 자체가 불가능한 일이 되고 만다. 우선 육체적으로 안 된다. 무슨 일을 하건 체력이 달리고 순발력이 떨어진다. 손을 쓰는 것도 옛날 같지 않고 매사가 굼뜬다. 정신적으로도 마찬가지다. 총기가 예전 같지 않으니 판단력도 떨어지고, 마음이 쉽게 지치며 별것도 아닌 일에 서운한 생각 먼저 들어 내 스스로 '내 참 쫀쫀해지는구나' 하는 생각이 들 때가 많다.

은퇴 이후 행복하게 살려면 젊은 사람들과 경쟁하는 대신 '그들의 성장을 인정하고 그들에게 용기를 주며 그들과 함께 즐겨야' 한다.

시대가 변했다. 그리고 나도 변했다. 이것을 인정하지 않고 자기 안에 갇혀 자기주장만 되풀이하면 이것은 아집이 되고 만다. 제행무상諸行無常이라는 말처럼 모든 것은 변한다. 인생에도 성쇠그래프가 있어서 천천히 올라가다 정점에 이르면 반드시 하락기를 맞이하게 된다. 20대, 30대가 성장기라면 40대, 50대는 정점이다. 하락기인 60대, 70대에 있는 사람이 상승기에 있는 사람과 경쟁해서는 이길 수가 없다. 하루가 다르게 성장하는 사람과 하루가 다르게 내리막길을 걷는 사람은 교차점조차 없다. 이것을 잊어버리고 젊은 사람들과 경쟁하려 하는 것은 미련한 짓이다.

젊어서는 '지식'으로 살고 늙어서는 '지혜'로 산다고 했다. 젊은 사람과 늙은 사람은 인생을 사는 도구 자체가 다르니 경쟁이 무의미한 것이다. 그러니 젊을 때는 많은 경험과 공부를 통해 지식을 풍부하게 하고, 나이가 들면서 그것을 지혜로 바꿀 줄 알아야 한다. 그것이 세월이 주는 가장 좋은 선물이다.

나이로 치면 부족한 지식을 채우면서 그동안 쌓인 것들을 지혜로 바꿔나가야 하는 전환점이 바로 40대다. 40대만 해도 '아직은 내가 실세'라거나 올라갈 자리가 더 남아 있으니 '나는 전도유망한 인재'라고 느끼는 사람도 있겠지만 마흔 살이 넘으면 쉰 살은 금방 다가온다. 신기하게도 나이가 드는 데는 분명 가속도가 붙는 것 같다. 30대보다는 40대가, 40대보다는 50대가 훨씬 빠르게 지나간다. 그렇게 60이 넘고 70을 바라보고 있으니 하루하루가 얼마나 빠르게 지나가는지, 연말이 되어 새 달력을 받을 때마다 한숨이 절로 나온다.

나이가 들면 '경쟁이 필요 없는 경쟁력'을 갖춰야 한다. 그것이 지혜다. 지혜는 학교에서 배울 수 있는 것이 아니다. 명문대를 나오고 좋은 직장에 다닌다고 해서 모두가 지혜를 갖추는 것은 아니다. 책을 많이 읽고, 선배들의 모습을 보며 깨닫고, 겸손한 자세로 주변을 둘러보면서 다양한 경험을 쌓아야 삶의 지혜가 생긴다. 지혜로운 사람은 나아갈 자리와 물러설 자리를 구별할 줄 알고, 타인의 장점을 너그럽게 인정하고 받아들일 줄 알며, 자기보다 나이 어린 사람에게도 머리 숙여 배울 줄 안다.

그러니 나이 마흔이 넘었다면 이제는 겸손을 배우고 익혀야 할 시기다. 불혹不惑이라는 말처럼 웬만한 일에는 흔들리지 않고 자기중심을 잡고 20년, 30년 뒤를 바라보며 인생을 설계해야 한다. 40대는 불필요한 경쟁으로 에너지를 소모하는 대신 자기 안으로 에너지를 모아야 할 시기인 것이다.

후배들에게 환영받는
'우래봉偶來鳳'

　사람은 혼자서는 못 산다. 사람이 옆에 있어야 사람답게 살 수 있다. 그래서 사람을 '인人'이라 하지 않고 '인간人間'이라 하는 것이다. 사람의 숫자를 셀 때는 '3인, 5인……' 하는 식으로 '인'만으로 가능하다. 하지만 다른 동물과 구별하려면 반드시 '인간'이라고 표현해야 한다. 사람은 사람 '사이間'에 살아야 한다는 얘기다. 때문에 사이사이에 관계를 잘 맺어야 한다.

　혈연으로 맺어진 가족이 아닌 사람들과의 관계는 이해관계로 시작해서 이해관계로 끝나는 게 대부분이다. 친구도 마찬가지다. 좋을 때야 문제될 게 없지만 한쪽이 일방적으로 폐를 끼치거나 의존적으로 다가오면 그 관계는 오래 유지되기 어렵다. 하물며 사회에서 일을 매개로 맺어진 관계는 서로의 노력 없이는 유지되기 어렵다.

사회적 관계는 한창 일할 때 더 중요했을 것이다. 하지만 정작 그 안에 머물고 있을 때는 잘 느끼지 못하다가 나이가 들수록 그 중요성이 더 크게 다가온다. 나이가 들면 주변의 사람이 점차 사라진다. 내게 이득을 볼 일이 점점 사라지기 때문이다. 그러니 업무적인 관계에서건 심리적인 문제에서건 금전적으로건 다른 사람들에게 도움을 줄 수 있어야 노년을 외롭지 않게 보낼 수 있다.

나이가 들고 현업에서 은퇴를 하면 업무적으로 다른 사람을 돕는다는 것 자체가 어려워진다. 이때는 그간에 쌓아온 인맥을 동원해서 사람과 사람을 연결하는 것이 중요하다. 그들을 통해 내가 덕을 보거나 내가 직접 그들을 돕는 것이 아니라 나의 신용을 매개로 그들이 각자의 일에 도움이 되도록 하는 것이다.

내가 속해 있는 모임 중에 '나이야가라'라는 동년배 모임이 있다. 어느새 나이 70을 바라보는 친구들끼리 모이다 보니 함께 나이 먹어가며 쌓아가는 정이 요즘은 더 돈독하게 느껴지고 소중하다. 다만 아직 이런저런 일을 하느라 바쁘다는 핑계로 모임에 잘 못 나가니 친구들에게 미안한 마음이 크다.

오랜 우정도 귀중하지만 사람은 나이가 들수록 새로운 것을 배우는 데도 힘써야 한다. 나이가 들면 새로운 일이 좀체 없기 때문이다. 가장 좋은 방법은 젊은 사람들과 어울리는 것이다. 그런데 젊은 사람들은 나이든 사람하고 어울리는 것을 달가워하지 않는다. 그러니 그들의 시간을 얻으려면 뭔가 대가를 치러야 한다. 그들의 젊음을 나누는 대신 보상을 해줘야 하는 것이다.

보상이라고 해서 뭐 대단한 것을 얘기하는 것은 아니다. 젊은 사람들에게 없는 다양한 경험을 바탕으로 조언을 해주고, 그들이 방향을 잃었을 때 길을 제시해 주는 것이 중요하다. 앞서 말한 '지혜의 전수'다. 또한 그들이 하고 있는 일을 즐겁게, 소신을 갖고 할 수 있게 격려하고 칭찬하는 것도 중요하다.

하지만 마음만 갖고는 안 되는 것이 인간관계다. 젊은 사람들과 어울리려면 손에 뭔가 들려줘야 한다. 젊은 사람들 입장에서는 굳이 '노인네들'하고 어울려 놀 이유가 없으니 말이다. 경제적인 보상은 가장 손쉬우면서도 효과적이다. 친구들끼리 모임을 할 때처럼 갹출을 하거나 더치페이를 해서는 절대 젊은 사람들과 어울릴 수가 없다. 그들은 시간을 내서 우리를 만나주는 것만으로도 투자고 손실이다. 거기다 돈까지 쓰게 하면 절대 환영받을 수 없다. 말로야 '선배님께 배울 게 있어서 왔습니다'고 하겠지만 '립 서비스'일 뿐, 이를 곧이곧대로 믿어서는 안 된다.

나는 시간이 날 때마다 후배들을 불러 모아서 밥을 사주고, 그들에게 얘기를 시키고 들어준다. 또 가끔은 아무 연락 없이 한동안 소원했던 후배를 찾아가 밥을 사기도 한다. 이를 두고 나는 '우래봉偶來鳳'이라고 한다. '우연히 나타난 봉'이라는 뜻이다. 내가 어릴 때는 선배들도 종종 내게 우래봉이 되어주었다. 그 선배들은 모두 떠났으니 선배들에게 직접 갚을 수는 없고 후배들에게 내가 우래봉 역할을 하는데, 봉 노릇을 하러 과천에 갈 때마다 다른 때는 느껴보지 못한 즐거움이 있다.

나이 들수록 돈이 중요하다고 하는 것은 가족이나 주변사람들에게 쓰기 위한 것이지, 돈 자체가 목적이 아니다. 돈을 쌓아놓고 혼자 들여다보고 있으면 뭐하겠는가. 돈을 움켜쥐고 있어서는 절대 곁에 사람이 안 온다. 나이 든 사람의 손에는 돈보다 다른 사람의 손이 쥐어져 있어야 한다. 동화 속의 '스크루지 영감'처럼 양손에 돈만 그러쥐고 있으면 다른 사람이 손을 내밀어도 그 손을 잡을 손이 없다.

하지만 젊었을 때 사람관리를 제대로 하지 못한 사람은 나이 들어 베풀려 해도 사람들이 다가올 리 만무하다. 아무리 내가 밥을 사고, 좋은 영화나 공연을 보여주고 싶어 한다 해도 '그까짓 거 안 먹고, 안 보고 말지 굳이 내 시간 써가면서 노털들하고 놀 일 있어?' 하고 생각해 버리면 그만이다. 그러니 젊어서부터 내가 늙어서 무료한 시간을 보낼 때도 곁에 있어줄 사람들을 만들어둬야 한다. 그것이 진짜 남는 투자고, 지혜로운 장사인 것이다.

나이가 들면
입은 다물고 귀는 열어라

'나이가 들면 입은 잠그고 주머니는 열라'고 했다. 그래야 주변에 사람이 모인다는 얘기다. 나는 굳이 조언을 청하지 않으면 해주고 싶은 말이 있어도 나서지 않으려 애쓴다. 노인의 충고는 잔소리로 치부되기 일쑤라는 것을 알기 때문이다. 나이가 들면 그간에 겪어온 시행착오에서 배운 것들이 있다 보니 말 한마디로도 젊은 사람들의 실수를 막아줄 수 있는 경우가 있다. 하지만 받아들이는 사람이 원치 않는다면 그 또한 어쩔 수 없는 일이다.

젊은 사람들은 어른들에게 한두 마디 얻어들으면 도움이 되리라는 것을 알면서도 일방적으로 가르치려 들거나 훈계를 하려 든다고 느껴지면 아예 외면해 버린다. 그래서 젊은 사람들에게 하고 싶은 말이 있으면 그들이 받아들일 수 있는 방법을 선택해야 한다. 그래야 본래의 목적을 절반이라도 이룰 수 있다.

나는 사람들을 만나면 옛날 얘기보다는 최근 일을 주로 얘기한다. 지난주에 만났던 사람, 오늘 아침에 있었던 일을 주로 얘기하고, 내가 두 번 이상 했을 법한 얘기는 아예 화제에서 제외시켜 버린다. 이런 이야기들은 상대방이 궁금해서 물을 때 대답해도 늦지 않다. 또 이럴 때는 충분히 시간을 갖고 전후사정 살펴서 얘기할 수 있으니 더욱 좋다. 나이가 들면 정신이 없고 현재보다는 과거에 집착하기 쉬워서 한 소리 또 하고, 한 소리 또 하기 쉬운 것이 사실이니 매사에 말을 주의할 수밖에 없다.

그런데 '입은 잠그고 주머니는 열라'는 말 때문이 아니라도 나이가 들수록 말수가 줄어드는 것 같다. 세월과 더불어 경험이 쌓이면 안목이 조금씩 넓어지면서 모든 일의 양면을 보게 되는데, 양쪽을 다 보면 할 말이 없어지는 것이다. 한쪽만 보는 사람들을 이길 수가 없으니 입을 다물 수밖에. 그럴 때면 '너희들도 늙어보면 알 거다' 하는 생각으로 스스로를 달래곤 한다.

나는 좌정관천坐井觀天이라는 말을 항상 가슴에 새기며 산다. 사람은 누구나 내가 본 것, 내가 알고 있는 것이 전부라고 생각하기 쉽지만 언제든 내가 '우물 안 개구리'일 수 있다는 생각 때문이다. 우물 안에 앉아서 밤하늘을 보면 별 서너 개가 전부인 것 같다. 이런 사람이 너른 초원에서 수만 개의 별을 본 사람보다 목소리를 높이면 싸움이 안 될

다. 나이가 들수록 '내 젊은 시절 역시 그랬구나' 하는 생각을 지울 수가 없다.

지금의 40대는 흔히 3대가 함께 살고 있다. 한 집에 살건 안 살건 부모님과 나, 자녀가 한 가정을 이루고 있고, 조부모가 살아계신 가정이면 4대, 말 그대로 100세 시대가 되면 5세대가 같이 사는 일도 흔해질 것이다. 이 같은 현상은 앞으로 우리가 살아갈 세상의 가장 큰 숙제가 세대 간의 단절을 이겨내는 일이 될 것임을 시사한다. 경제적, 문화적으로 전혀 다른 성장기를 보내 온 5세대가 한 사회에서 살아간다면 그 인식차이에서 오는 갈등은 불을 보듯 뻔하다.

게다가 변화의 속도는 갈수록 빨라진다. 더 이상 시계열적 분석은 통하지 않는다. 과거에 비추어 미래를 예측하는 것은 이제 불가능한 일이 되었다. 피터 드러커Peter Ferdinand Drucker는 이를 두고 '단절의 시대'라 했다. 삶의 판 자체가 달라지고 있다는 얘기다. 그러니 나이가 들었다고 해서 책상머리에만 앉아 있을 것이 아니라 더 너른 '광장'으로 나가서 젊은 사람들과 어울리고 부대끼며 배워야 한다.

물론 모든 단절과 불통을 세대 간 갈등으로 나누는 것은 구시대적이고 공학적인 발상이다. 그러니 부디 이분법적 사고로 '너는 젊어서 그런다', '나는 늙어서 다르다' 하는 식으로 생각하는 것은 지양해야 한다. 더구나 이것은 인생에 관한 일이다. 인생은 시작과 끝이 연속선상에 있다. 젊은 사람, 늙은 사람이 따로 있는 것이 아니고 '어린 사람'이 '젊은 사람'이 되고, 그는 머지않아 반드시 '늙은 사람'이 된다.

나 역시 젊은 사람들과 이야기를 하다보면 시시때때로 '그래, 너는 안 늙을 것 같냐?' 하는 생각이 드는 것은 어쩔 수가 없다. 하지만 나이 들수록 더 넓은 품과 아량을 갖는 것이 미덕이라 생각하며 입안에 고인 말들을 거둬들이곤 한다.

말을 한다는 것은 많은 생각 끝에 정제된 언어를 내뱉는다는 것을 뜻한다. 하지만 듣는 사람은 말 그대로를 듣지 않고, 자기 나름의 해석을 통해 받아들인다. 대화를 하다보면 느끼겠지만, 내가 말한 것을 그대로 들어주는 사람은 별로 없다. 내가 말의 배경을 충분히 설명하지 않으니 듣는 사람도 자기 편할 대로, 자기 마음대로 듣는다. 말한 사람은 내가 얘기한 것을 상대방이 액면 그대로 들어주기를 바라고, 상대방이 제대로 듣고 있다고 믿는다. 이 와중에 오해가 생기는 것이다.

심지어 40년을 넘게 함께 살아온 아내하고 얘기를 할 때도 그런 느낌을 받을 때가 종종 있다. 내가 뭔가 얘기를 시작하면 아내는 이내 넘겨짚어서 화를 내거나 딴생각을 하는 일이 종종 있다. '아, 내 얘기의 본뜻은 그런 게 아닌데' 싶지만 하나하나 짚어가며 설명하자니 그 또한 힘들고 귀찮다. 그러니 집에서도 점점 입을 다물게 된다. 하물며 어쩌다 만나는 남이 내 말을 곡해 없이 듣고, 내 마음을 훤히 들여다봐 주기를 바라는 것은 무리다.

요즘은 컴퓨터를 비롯한 디지털 기기를 워낙 많이 사용하다 보니 보통 40대 중반이면 노안老眼이 시작된다고 한다. 노안은 노년을 준비하라는 신호다. 그래서 눈이 어두워지기 시작하면 입은 다물고 귀는 열어야 한다. 특히 나이가 들면 모든 것을 자신의 경험에 비추어 판단하는 경향이 있다. 하지만 섣부른 판단은 오해를 만들기 쉽다. 그러니 다른 사람과 얘기를 나눌 때는 입은 다물고 귀는 활짝 열어야 한다.

아집은 버리고
소신은 세워라

나는 해마다 생일을 맞으면 설악산 대청봉에 오르곤 한다. 2005년 여름은 더욱 특별한 의미가 있었다. 환갑을 맞은 것이다. 이때도 나는 사자산 법흥사에 들러서 정선 정암사에 가 있었다. 법흥사와 정암사는 양산 통도사, 오대산 상원사, 설악산 봉정암과 더불어 부처님 진신사리를 모시고 있는 5대 사찰이라 내가 특히 자주 찾는 곳이다.

그런데 〈국민일보〉 기자가 전화를 걸어와 광복60주년을 기념해 인터뷰를 하자는 것이다. 나는 광복절 때면 종종 이런 전화를 받는다. 내가 1945년 8월 15일생인 까닭이다. 그 해에 태어나기만 해도 '광복둥이'라 하는데, 날짜까지 딱 맞춰 8월 15일에 태어났으니 내 삶에 비춰 광복 이후 우리나라의 변화상을 재조명해 보자는 얘기다.

이 인터뷰 요청은 10년 주기로 세 번째 맞는 것이었다. 광복40주년 때 들어온 첫 번째 인터뷰 요청은 거절했다. 당시 나는 상공부 과장으로 재직하고 있었는데, 공직에 있는 사람이 쓸데없이 여기저기 나서는 것이 바람직하지 않다는 판단에서였다. 그랬더니 광복50주년 때는 공보관실을 통해서 정식으로 인터뷰를 청해왔다. 그때는 거절할 수가 없어 어쩔 수 없이 인터뷰를 했는데, 그것이 KBS 9시뉴스로 전파를 타서 여기저기서 전화 꽤나 받았다. 그러고 나서 한 10년 까마득히 잊고 살았는데, 광복60주년이라고 전화를 해온 것이 하필 태백산 어귀였으니 참 난감한 일이었다.

기자는 어떻게든 인터뷰를 해야 한다며 전화를 끊지 않고, 그렇다고 해서 내가 예정된 등반을 포기하고 서울로 돌아갈 수도 없는 노릇이었다.

"내가 지금 태백산 정암사에 있는데 어떡하죠? 내일이면 설악산으로 들어가는 일정인데······."

기자는 깜짝 놀라는 기색이었다. 하지만 물러서지 않았다.

"아이고, 선생님! 이 인터뷰 못 따면 저는 큰일 납니다! 설악산은 어렵겠고, 제가 당장 태백산으로 찾아뵙겠습니다."

그가 어찌나 간곡하게 청하는지 차마 거절을 못하고 다음날 아침에 '강원랜드'에 있는 식당에서 보기로 하고 전화를 끊었다. 한 15분만 내려가면 강원랜드니 내 산행도 큰 지장을 안 받고, 기자도 굳이 산까지 올라올 필요 없이 인터뷰를 하게 된 것이다. 그렇게 해서 기자들을 아침 먹여 보내고 나서 나는 바로 설악산으로 들어갔다. 그리고 산에서 내려오니 8월 15일자 〈국민일보〉 1면에 큼지막하게 인터뷰가 실려 있었다.

실제로 내가 광복둥이라는 사실은 내 이름자에 들어 있는 '선비 사士' 자와 더불어 인생의 나침반이 되어주었다. '450815의 선비' 그것이 나의 운명이며 소신이었다. 가난한 포목장수였던 아버지는 아들 대학 보내는 게 소원이었고, 내 이름을 지어주신 외할아버지는 어릴 때부터 내게 "너는 선비로 살아야 한다"고 말씀하시곤 했다. 8남매의 둘째 아들로 태어나 유일하게 고등학교를 나왔고, 고려대 법학과에 진학해, 비록 삼수를 하긴 했지만 행정고시에 합격했으니 두 분의 소원은 모두 풀어드린 셈이다.

그런데 어릴 때부터 '선비' 소리를 하도 많이 들어서 그랬는지, 나는 항상 다른 사람들의 모범이 되어야 한다는 부담을 갖고 살았다. 형제들 사이에서도 그랬고, 친구들 사이에서도, 직장동료들 사이에서도 그랬다. 그러다 보니 스스로를 힘들게 하는 일이 많았지만 항상 득실보다는 옳고 그름을 따지며 살아왔다.

'꿩 잡는 게 매'라고 하는데, 나는 '꿩을 잡는 매'는 못 되었다. 원하는 게 있으면 수단과 방법을 가리지 말고 일단 잡고 봐야 하는데, 좀체 현실에 타협할 줄을 모르니 답답한 인생이었던 셈이다. 그런 남편 '모시고' 사느라 아내도 고생이 많았을 것이다. 그래도 내게 어떤 선택이나 판단의 기회가 주어지면 나를 인도한 것은 언제나 '450815'와 '선비

사士'였다.

나는 한 번도 윗사람 앞에서 손바닥 비벼본 적이 없다. 그러니 내 손금은 아주 명확하다. '백'이니 '줄'을 타느니 하는 것들도 남의 얘기였다. 선배든 후배든 손바닥 비비기를 좋아하는 사람은 안 보고 말지 내 성정에는 맞지 않다.

그런데 나이가 들면서는 소신을 피력하는 데도 조심스러울 때가 많다. 말 한마디라도 노인네의 아집으로 치부될까 염려스러워서다. 나이가 들수록 말을 줄이라고 해서 자기주장까지 굽히라는 건 아니지만 선배보다 후배가 많아지는 나이가 되면 매사에 언행을 조심해야 한다. 같은 말이라도 오해가 생기지 않도록, 조금이라도 효과적으로 받아들여질 방법을 찾는 것이 새로운 숙제다. 그러니 항상 나보다 상대방 입장에서 생각하고 말하는 방법을 익혀야 한다.

그런데 조직생활을 오래 하다 보면 이게 참 쉽지 않은 일이다. 아랫사람에게 일을 시키고 관리 감독하는 것이 일이다 보니 사람을 부리는 것이 습관이 된 까닭이다. 이런 사람이 뭔가 자기주장을 하면 독선적으로 비쳐질 수 있으므로 더욱 주의해야 한다. 평소 아랫사람이라도 존중하고 귀 기울여 의견을 듣고 합리적인 선에서 수렴해 주는 연습을 해야 한다. 어쩌다 마음에 안 드는 구석이 있어도 다들 나보다 훌륭한 환경에서 좋은 교육 받고 자랐으려니 하며 마음을 내려놓으니 그나마 요즘은 많이 편해졌다.

이용가치가 있는 사람으로
사는 즐거움

　사람은 이용가치가 있어야 한다. 가정에서건 일터에서건 쓸모가 있어야 한다는 얘기다. 사람은 누구나 자신의 가려운 곳을 긁어주는 사람을 좋아한다. 작은 성과를 더욱 빛나게 해주고, 혼자서 해결하기 어려운 문제를 해결해 주고, 누군가 필요한 사람을 연결해 주고, 어려울 때 금전적으로 지원해 주는 사람이라면 항상 곁에 두고 싶어 한다.

　특히 선배들은 후배들의 아픔과 어려움을 먼저 겪은 사람들이기 때문에 항상 후배들의 마음을 미리 살펴 보살필 줄 알아야 한다. 내게도 그런 선배가 있었다. 상공부 과장 시절의 한 선배는 내가 맡은 프로젝트를 자기 일처럼 거들어주고는 "서 과장이 다 했다"며 모든 공과를 내게 돌리곤 했다. 선배 눈에야 왜 부족한 점이 안 보였을까만 그런 문제가 드러나기 전에 항상 자기가 빈 곳을 메워주고는 전혀 내색을 안 하는 것이었다. 내 눈에는 그 선배가 그렇게 큰사람으로 보일 수가 없었다. 항상 조용하게 자기 일을 처리하면서도 후배들이 아쉬워하는 부분이 없나 살피는 태도는 내게 좋은 귀감이 되곤 했다. 결국 이 선배는 동기들보다 빨리, 더 좋은 자리로 승진을 해서 떠났다.

그 선배가 떠난 이후 나는 자연스럽게 그 몫을 내가 해야 한다는 생각을 갖게 되었다. 그래서 전보다 후배들의 일하는 모습을 유심히 관찰하게 되었는데, 정말로 내 손이 필요한 허점들이 금방 눈에 들어왔다. 책임감과 애정을 갖고 내 일이라고 생각하며 들여다보니 그러는 것이었으리라. 후배들로서는 며칠 밤을 새워도 해내기 어려운 과제가 먼저 경험한 내게는 그리 어려운 일도 아니었다. 시간과 경험이 만들어주는 노하우라는 게 허투루 쌓이는 게 아닌 모양이다.

그러다 보니 내게는 따르는 사람이 제법 많았다. 내가 좋아서라기보다는 내 곁에 있으면 자신들에게 득이 되기 때문이었을 것이다. 그래서 내 '관계의 통장'은 언제나 두둑했다. 내가 선배에게 진 빚을 마음의 통장에 저금해 두었던 것처럼, 후배들이 내게 표하는 보이지 않는 감사는 마음속에 또 하나의 통장을 개설해 주었다. 사람의 관계는 받는 것보다 베푸는 것으로 풍요로워지는 것을 그때 깨달았다.

그래서 가끔 후배들이 작은 선물을 들고 찾아올 때면 그렇게 기쁠 수가 없다. 뭔가를 받아서가 아니라 그 마음 씀씀이가 고맙고 예쁜 것이다. 이런 것이 선배로서의 보람이 아닌가 싶다. 나는 그것을 농담

삼아 '거지근성'이라고 부르는데, 후배들에게도 "평생 거지로 살아라" 하고 조언하곤 한다. 그렇게 살 수만 있다면 더 이상 좋은 게 어디 있겠는가. 사람들이 나를 만나고 싶어 하고, 나에게 뭔가를 주고 싶어 한다는 것은 내가 아직도 그들에게 이용가치가 있다는 뜻이다. 죽을 때까지 서로 어울려 어려움을 나누고 주고받을 게 있다면 그보다 좋은 일이 어디 있겠는가.

작게 통해도 크게 열리는
소통 훈련

우리 시대 아버지들은 대부분 일하느라 바빠서 가정을 제대로 돌보지 못하고 살았다. 먹고사는 일이 급박하니 집안일과 아이들 키우는 일은 아내에게 맡겨둘 수밖에 없었다. 아이들은 아이들대로 아버지의 부재에 대해 아쉬움이 남아 있겠지만 아버지는 또 아버지대로 아이들 키우면서 느낄 수 있는 즐거움과 행복감을 포기하고 살아야 했다. 그러다 보니 아버지는 집안일에 무심한 사람, 아이들 성장이나 교육에 무관심한 사람으로 평가되는 경우가 많다.

나 역시 젊어서는 새벽 같이 출근해서 하루 종일 가정은 잊은 것처럼 일하다 또 밤이 늦어서야 일을 싸들고 집으로 들어오기 일쑤였다. 아이들 잠든 얼굴 보고 출근해서 아이들이 잠든 뒤에야 퇴근하는 일이 잦다보니 아이들과 오순도순 얘기 나눌 기회조차 별로 없었다. 워커홀릭work a holic이라서가 아니다. 그렇게 일하지 않고서는 버틸 수가 없었다. 요즘 기업 환경이 나쁘다고들 하지만 평생을 공직에서 보낸 나는 평생 하루도 마음 놓을 수 있는 날이 없었다.

퇴직 후 공기업에서 일할 때도 마찬가지였다. 파워콤이나 중소기업유통센터도, 한전정보네트웍도 편안하게 '낙하산'의 혜택을 누릴 수 있는 조직이 아니었다. 모든 것을 관행 탓으로 돌리며 한 3년 어영부영 시간만 보내다 떠날 수도 있었겠지만, 내게 주어진 일이니 어떻게든 주인의식을 갖고 해야 한다는 생각이 너무 강했다. 단단하기로야 치면 공무원과 다를 바 없는 기업들을 거치면서 나름 쇄신을 이뤄보려 갖은 애를 썼으니 직원들은 죽을 맛이었을 것이다.

그렇게 시간을 보내다 은퇴를 하고 난 뒤에야 가정을 돌아보니 가정은 또 가정대로 소통이 막혀 있었다. 아이들은 제 엄마와는 친구처럼 잘 지내는 것 같은데, '하하호호' 재미나게 얘기를 나누다가도 웬일인지 나만 현관에 들어서면 이내 웃음소리가 뚝 끊어지며 "아버지 오셨어요!" 하고는 각자의 방으로 들어가 버릴 때가 많았다.

내 아내고 내 아이들이니 믿거니 하고 뒤로 제쳐두었던 탓이다 싶으면서도 못내 아쉽고 서운했다. 나도 이제야 밖에서 해야 할 일을 다 마치고 따뜻한 가정으로 돌아왔다고 생각했는데, 기대한 것처럼 반가이 맞아주는 느낌이 들지를 않는 것이다. 그도 그럴 것이, 아이들은 이미 머리가 굵어져 부모 곁을 떠나고, 결혼을 해서 가정을 이루고,

나름대로 제 삶을 꾸려가고 있었다. 허튼 짓 한 번 안 하고 살아왔지만 평생 일밖에 모르는 사람처럼 살다가 뒤늦게 나서 애비노릇을 하자고 드는 것도 우스운 일처럼 여겨졌다.

그렇다고 해서 우리 아이들이 아버지를 홀대하느냐 하면 그건 절대 아니다. 세 아이 모두 반듯하게 잘 자라서 공손하고 아버지의 권위를 존중해 준다. 애들 엄마는 평생을 아이들 뒷바라지하며 아버지 손이 없어도 제 앞가림은 하게 키워놓았다. 다만 내 마음이 편안하게 푹 놓이지를 않는 것이 안타까울 뿐이다.

게다가 나는 언제나 엄한 아버지였다. 사랑은 애들 엄마가 다 주고, 언제나 악역은 내 몫이었다. 그러니 애들이 내게 가까이 다가와 치대고 몸을 비비며 응석 부려본 적이 없었던 것이다. 요즘 우리 아이들이 제 자식을 대하는 모습을 보면 그야말로 격세지감隔世之感을 느끼곤 한다. 요즘은 엄마 아빠를 막론하고 아이들에게 지극정성을 다하며 사랑을 쏟아 붓는다. 그러니 아이들이 언제나 활력과 자신감이 넘치고 부모를 스스럼없이 대한다. 아이들이 독립심이 약해져 모든 걸 부모에게 의존하는 게 큰 문제라고는 하지만 가정 내 원만한 소통이라는 견지에서 보면 그 이상 좋은 방법도 없을 성싶다.

우리 집 아래층에는 둘째아들 내외가 손녀를 키우며 살고 있다. 그래서 애들 엄마와 손녀가 하루에도 몇 번씩 위아래층을 오가며 지낸다. 나 역시 요즘은 손녀 보는 재미가 쏠쏠하다. 이 녀석이 세 살이 넘으니 제법 재롱도 피울 줄 알고, 때로는 픽 토라져서 '할미'를 찾는 게 그렇게 귀여울 수가 없다. 내 아이들 크는 걸 이렇게 가까이서 지켜볼 수 있었다면 지금 느끼는 쓸쓸한 소회는 없지 않았을까 싶다. 세 살짜리 손녀가 제 아버지에게 안기며 응석 부리는 모습을 보면 은근히 부럽기도 하고 반성이 되기도 한다. 바로 저런 모습이 아내가 늘 말하는 '애들에게 애틋한 아버지' 되기가 아닌가 싶다.

요즘은 대부분의 가정이 맞벌이를 한다. 엄마 아빠는 항상 바쁘고, 아이들은 거의 모든 시간을 학교와 학원에서 보낸다. 그러다 대학을 가면서 부모 곁을 떠나면 다시 만나 부딪치면서 살 기회가 거의 없다. 그러다 결혼해서 독립해버리면 그만인 것이다.

지금 40대만 해도 성장기에 부모랑 같이 보낼 시간이 있었다. 하지만 지금 10대 아이들은 정말 지독한 입시 위주의 교육을 받고 있기 때문에 초등학생 때부터 과외학원에서 시간을 보낸다. 그러니 엄마 품에서 충분히 정을 쌓을 시간이 별로 없다. 이런 상황은 결과적으로 부모와 아이들 모두를 외롭게 만들 것이다. 차분히 앉아서 서로의 이야기를 들어볼 시간은커녕 마치 서로 다른 언어를 사용하는 것처럼 소통이 안 되니 시간이 갈수록 그 격차가 커지지 않을까 걱정이다.

또한 지금의 40대는 부모가 조부모를 모시는 것을 직접 보고 생활 속에서 느끼며 배우고 자란 사람들이 대부분이다. 우리 아이들만 해도 둘째아들인 내가 병든 할아버지를 뒷바라지하는 것을 곁에서 보며 자랐다. 그러니 그게 당연한 일인 줄로만 알고 컸을 것이다. 하지만 지금의 10대 아이들은 조부모를 '우리 가족'이라고 생각하는 의식이 많이 약해진 것 같다. 게다가 형제 없이 자란 외둥이가 많다 보니 '엄마 아빠와 나', 이런 모습이 가족의 전부라고 생각하는 것이다.

아이들은 공부만 하고, 부모는 돈 벌어서 그 뒷바라지를 하고, 할아버지 할머니는 명절이나 제사, 어버이날처럼 뭔가 이름이 붙은 날 찾아뵈면 되는 줄로만 안다. 그러니 '우리 아빠 엄마가 이렇게 하더라' 하며 자연스럽게 배울 기회가 없다. '내 가정'이라는 작은 울타리 안에서의 유대는 더욱 강해졌을지 모르지만 보다 확대된 개념의 '가족'은 사라지고 있다.

요즘 40대는 자식의 봉양은 애당초 기대도 안 한다고 한다. 하지만 나이가 들면 자식만큼 귀한 존재가 없다. 함께 살지는 않을지라도 자식은 언제나 부모의 가슴 속에 있다. 늘그막에는 자식의 얼굴을 보고 손을 잡고 등을 어루만지는 것만큼 큰 위안도 없다.

그래서 나는 젊은 사람들을 만나면 부모 모시는 데 더 많은 시간과 정성을 기울이라고 조언하곤 한다. 내가 자식들에게 대우받고 싶어서가 아니라 지금의 10대 아이들에게 가족의 소중함과 부모에 대한 감사의 마음을 일깨워 주기를 바라서다. 기성세대의 삶은 다음세대의 본보기다. 삶의 태도나 생활방식뿐만 아니라 영혼에 깃들어 있는 정신문화까지 고스란히 전수된다. 그래서 자신이 보고 배우며 자란 것, 자신이 바라는 노후의 모습을 오늘의 삶 속에서 구체적으로 실천하고 또한 다음세대에게 보여주어야 한다. 그것이 산교육이다.

아이들이 다 자란 뒤에야 말로 가르치려 들거나 서운해 하며 훈계를 해봤자 소용없는 일이다. 부모의 노후를 돌보는 것, 자신의 노후를 준비하는 것, 자식들이 성인된 이후의 세상을 설계하는 것 모두 지금의 40대들이 짊어져야 할 숙제다. 세상만사가 인과응보因果應報, 자업자득自業自得이라고 생각한다면 지금 무엇을 해야 하는지는 스스로 깨닫게 되지 않을까 싶다.

내 인생의 1순위는
언제나 아내

어느 텔레비전 프로그램에서 '퇴직한 남자에게 필요한 5가지'에 대해 얘기하는 것을 들은 적이 있다. 그런데 그 결과가 어찌나 기가 막힌지 한참을 웃었더랬다. 결과는 '5위 와이프, 4위 집사람, 3위 애들 엄마, 2위 아내, 1위 마누라'였다. 한편 어이없기도 하고 다른 한편으로는 참 그럴듯한 얘기다 싶어 실소가 절로 흘러나왔다. 대한민국 남자들의 삶의 단편을 보여주는 결과다.

그런데 똑같은 질문을 여자들에게 했더니 완전히 다른 결과가 나왔다. 여자들의 응답은 '5위 찜질방, 4위 친구, 3위 건강, 2위 돈, 1위 딸'이었다. 설마 설마 했는데, 남편은 아예 순위권에도 없었다. 이 조사결과가 얼마나 신빙성이 있는 것인지는 모르겠지만 사람들의 통상적인 의식을 반영하고 있다면 이거 완전 큰일 났다. 이사할 때는 얼른 강아지부터 끌어안고 조수석에 올라타야 한다는 농담이 그저 실없는 얘기만은 아닌 것이다.

작년 추석, 나는 아이들이 모인 김에 평소 하던 이야기를 다시 한 번 상기시켜 주었다. 부모 곁을 떠나 장가가고 시집갔으면 부모에게 의지하려 하지 말고 스스로 자신과 자신의 가정을 책임지라는 얘기였다. 집안일은 집 안에서 스스로 해결하고, 집밖으로 들고 나오지 말아야 한다. 그게 집안의 평화를 지키는 길이고, 부모로서 내가 바라는 효도다. 나는 젊을 때부터 이런 생각이 분명했다. 사람이고 짐승이고 부모의 품을 떠나 날갯짓을 시작하면 모든 것을 스스로 책임져야 한다고 말이다.

그리고는 아들들을 따로 방으로 불러 선언을 했다.

"지금에 와서 돌이켜보니 내 인생의 1순위는 언제나 너희 엄마였다. 너희들에겐 서운하게 들릴지 모르겠지만, 너희들은 항상 엄마 다음이었지. 너희들도 그렇게 살아야 집안이 편안할 거다. 아내가 1순위, 자식들이 2순위, 부모는 3순위다. 아버지는 너희들에게 바라는 것 없으니 너희들 집사람한테 잘하고 살아라."

아들들은 알 것도 같고 모를 것도 같다는 애매한 미소를 지으며 듣기만 했다.

아내는 내가 고등학교 때 만나 대학 때 연애 한 번 못 해보고 결혼했다. 그렇게 40년을 넘게 함께 살았으니 내게 아내 말고 또 누가 있었겠는가. 게다가 나는 중학교 졸업한 뒤 집을 떠나서 평생 객지에서 살았다. 나중에 어머니가 돌아가시고 아버지 건강이 나빠지셔서 우리 집으로 모시고 오긴 했지만 아버지는 이미 이빨 빠진 호랑이나 다름없었고, 아버지가 세상을 떠나시기 3년 전, 나도 이미 은퇴를 한 상태였으니 크게 서로의 인생에 개입할 만한 상황은 아니었던 것이다.

아이들이 돌아간 뒤에 아내에게 그 얘기했더니 아내는 정색을 했다. "왜 당신 맘대로 그런 선언을 해요?" 하며 있는 대로 눈을 흘겼다. 자신이 자식들에게 3순위라고 생각하니 서운했던가 보다.

아내는 내게 마음이 맞는 평생친구다. 오랜 세월, 많은 경험을 함께 해왔기 때문에 누구보다 나를 잘 알고, 어떤 일이 있어도 항상 내 편을 들어주는 사람이 아내다. 그러니 내가 아내 말고 어디 가서 친구를 찾겠는가.

젊어서도 그렇지만 나이가 들면 아내와의 관계는 더 중요해진다. 한참 일할 때야 친구들 만날 일도 많고, 일 때문에 만날 사람도 많지만 은퇴 후에는 부부 둘이서만 보내는 시간이 많아진다. 그러다 보니 서로에 대한 배려와 이해가 부족하면 하루하루가 참 답답하고 힘들 것이다. 그러니 '대입이혼'이니 '황혼이혼'이니 하는 말들이 생겨나는 것이다.

나이 든 두 사람이 한 둥지에 사는 것은 결혼 초기, 아이가 생기기 전에 둘이서 살던 것과는 완전히 다른 상황이다. 수십 년 간 같은 경험을 하며, 서로 믿고 의지하며 살아온 남자와 여자가 한 공간에서 하루 종일 시간을 함께 보내며 옛날 얘기를 하는 것은 그야말로 이상적이다.

하지만 젊어서 충분히 공감대가 형성되지 않으면 이것처럼 위험한 일도 없다. 몸도 예전 같지 않고, 애정도 예전 같지 않은데, 노후를 편안하게 보낼 준비도 안 되어 있다면 하루하루 눈을 뜰 때마다 불화가 생기고 잠자리를 펼 때마다 불행이 깊어질 것이다.

평생 한 이불을 덮고 같이 살아도 생각이 서로 다르다면 따로따로 살아온 것이나 다름없다. 하루 종일 마주앉아 이야기를 나눈다 해도 동화되는 부분이 없고 부부가 같은 색을 칠할 수 있는 부분이 적으면 공감대가 형성되기 어렵다. 이렇게 같이 살아도 같이 산 게 아닌 사람들이 갑자기 많은 시간을 함께 보내려니 갈등이 생기는 것이다.

부부유별夫婦有別이라 했다. 남남이 만나 한 집에 사는 것이니 서로의 차이를 인정하고 예의를 갖춰야 신뢰가 쌓이고 진정한 하나가 될 수 있다. 부부간에는 신뢰만큼 중요한 것이 없다. 신뢰는 정신적인 조건과 물질적인 조건이 동시에 갖추어져야 생긴다. 젊어서야 남녀가 만나면 애정이 전부인 것 같지만 물질이 배제된 사랑은 오래 가기 어렵다. 물질적인 것이 갖추어지지 않은 상태에서의 신뢰란 모래성과 같은 것이어서 작은 파도에도 이내 무너져 버리고 만다. 그러니 젊어서부터 성실하게 일하고 알뜰하게 저축하며 살아야 사랑과 믿음을 늙어서까지 유지할 수 있다.

물론 우리 부부도 종종 싸운다. 하지만 아무리 크게 싸워도 하루를 넘긴 적은 없다. 나는 성질이 드세서 화를 안 풀면 잠이 안 온다. 밤새도록 그 생각으로 뒤척이느니 마음이 채 안 풀렸더라도 화해를 하는 편이 낫다.

부부간의 싸움은 주로 작은 일에서 벌어진다. 큰일이 생기면 어쨌거나 부부가 합심해서 해결하려 하기 때문에 오히려 두 사람간의 갈등은 조정하기가 쉽다. 하지만 '왜 밥상 차리는 시간이 이렇게 늦느냐', '밥을 차려놨는데 왜 다 식도록 식탁에 안 앉느냐' 하는 사소한 것들이 말다툼의 원인이 된다. 이런 일로 서로 서운해 하며 시간을 끈다면 서로간의 신뢰에 금이 가는 것은 시간문제다.

아내와 목소리를 높이거나 얼굴 붉힐 일이 생기면 나는 이내 방으로 들어가 버린다. 그렇게 서로 떨어져서 한두 시간 지나면 언제 그랬냐는 듯이 태연하게 말을 걸고, 또 상대방은 그것을 사과의 뜻으로 이해하고 받아들인다. 서로가 서로에게 상처 입힐 생각이 없다는 것을 알고, 믿고, 받아들이는 것이다.

남자들에게는 나이가 들수록 아내가 소중하다. 하지만 아내에 대한 사랑은 일이 바쁘다고 해서 쉬거나 미뤄둘 수 있는 일이 아니다. 은퇴 후에 갑자기 아내의 소중함을 느끼며 잘해봤자 별 소용이 없다. 그러니 아이들이 아직 어릴 때, 두 사람이 함께 의논해서 처리해야 할 자잘한 일이 많을 때 항상 대화하고 서로를 격려해야 한다. 그것이 사랑을 지키고, 키우고, 오랫동안 누릴 수 있는 방법이다.

가장의 지위와 권위는
스스로 지켜라

나는 아이들이 집에 올 때마다 큰절을 받는다. 작은아들이야 위아래층에 살고 있으니 그럴 일이 없지만 큰아들 내외는 중국에 살고 있고, 딸 내외는 지방에 살고 있으니 1년 가야 얼굴 볼 일이 몇 번 안 된다. 그래서 나는 아이들이 집에 올 때면 현관에서 맞이한 뒤 일단 방으로 들어간다. 그리고는 절을 하게 한다.

이런 나를 두고 고리타분하고 주책 맞은 노인네라고 하는 사람이 있을지도 모르겠다. 하지만 우리가 젊었을 때만 해도 어른을 찾아뵈면 자리에 앉으시게 하고 절을 하는 것이 자연스러운 일이었다. 특히 아버지들은 자식들이 찾아와도 밖으로 나와 보지도 않고 안방에 앉아서 맞이하는 것이 보통이었다.

지금 시대에는 이런 일이 어울리지 않는 것일 수도 있다. 아내만 해도 "난 됐어요" 하며 절 받는 것을 불편해 하고 아들 며느리나 딸 사위도 처음에는 어색해하며 몸을 비비적거리곤 했다. 하지만 출필고반필면出必告反必面이라고 했다. 나갈 때는 어른에게 고하고, 돌아오면 얼굴을 마주하고 보고를 하는 것이 예절이다. 요즘은 애어른 할 것 없이 다들 바쁘다 보니 나가는 시간이 각자 다르고, 저희들끼리 살다보니 그런 걸 모르고 산다.

하지만 오랜만에 뵙는 부모에게 정중하게 절을 하는 것은 부모를 공경하는 것 이상의 의미를 갖고 있다. 내가 굳이 여러 사람 불편하게 하는 줄을 알면서도 아이들에게 절을 받는 것은 행동이 마음가짐을 규정하는 줄을 알기 때문이다.

가정에서 부모의 권위가 무너지면 질서를 바로잡을 수가 없다. 특히 아버지는 집안의 기둥이다. 가장은 가장답게 굴어야 한다. 경제적, 사회적으로 가족을 지키며 울타리를 흔들림 없이 유지하는 것이 가장의 의무다. 그 안에서 벌어지는 소소한 일은 애들 엄마에게 맡겨도 된다.

'동물의 왕국'을 보면 아버지의 존재가 어떤 것인지 단적으로 알 수 있다. 사자의 무리에서 수사자는 절대적인 권력을 행사한다. 그 대신 모든 암놈과 새끼들은 수사자가 확보한 영역 안에서 자유롭게 살아간다. 수사자가 제 역할을 못 하면 그 집단은 순식간에 위태로워지고, 위험을 감지한 암놈들은 힘을 잃은 수사자를 용인하지 않는다. 자신과 새끼들의 안전을 위해 새로운 왕을 받아들인다.

사람의 일도 동물의 세계와 크게 다르지 않다. 가정이 안전하고 편안하게 유지되려면 가장이 권위를 갖고 이끌어야 한다. 특히 아이를 낳고 키우는 생식기 동안 남자는 가장 큰 권위를 갖게 된다. 이때는 사회적으로도 가장 활발하게 일하며 경제적인 능력을 발휘함으로써 자연스럽게 권위가 생기게 된다. 물론 불필요한 권위주의를 말하는 것은 아니다. 권위는 생활 속에서 자연스럽게 만들어지는 것이고, 옆에서 세워주는 것이라야 진정한 힘을 발휘한다.

권위주의적인 아버지는 예나 지금이나 환영받지 못한다. 잘못된 권위주의는 오히려 부부간의 관계를 망치고 가족 간의 화합을 해친다. 특히 부부간에 정서적인 공감대를 충분히 형성하지 못한 채 "내가 너를 먹여 살리고 있으니 내 말을 들어야 한다"는 식으로 생각하고 행동했다간 은퇴 뒤에 경제권을 상실하게 되면 타박 받을 일밖에 남지 않는다. 수놈은 수놈답게, 가장은 가장답게 살아야 한다는 말을 곡해해서 가정에서 군림하려 들면 노후의 고단한 삶을 예약하는 것이나 다름없다.

경제적인 면에서 나는 아내에게 크게 잘해줬다고는 할 수 없다. 나는 젊어서부터 나라의 녹祿을 먹는 공무원은 항상 검소하게 살아야 한다는 생각이 분명했다. 국민의 세금으로 월급 받는 사람은 당연히 그 대가를 치르면서 살아야 한다는 생각은 지금도 변함이 없다. 자기 혼자 등 따시게 살고 싶은 사람은 공직에 들어와서는 안 된다. 이런 생각은 내 삶을 일면 괴팍하게 이끌었다. 높은 사람 앞이라고 해서 손바닥 비빌 줄을 아나, 봉투를 받고 청탁을 들어준 적이 있기를 하나, 게다가 누군가 허투루 사는 모습을 보면 선후배를 안 가리고 입바른 소리를 해대니 약삭빠르게 사는 사람 중에는 나를 슬슬 피하는 이들도 종종 있었다.

하지만 나는 사회적인 평가보다 스스로 자신을 평가하는 일이 훨씬 중요하다고 생각해 왔다. 속세의 기준은 대부분 사회적 지위에 있지만 눈에 보이는 것들에 대한 아쉬움이 있더라도 자신을 이겨내야 진정으로 당당하고 행복한 삶을 살 수 있다.

물론 지금에 와서 생각하니 아내에게 미안한 것이 한두 가지가 아니다. 나는 승진을 해서 1급 공무원이 되었을 때도, 공기업 사장을 할 때도 한 번도 아내에게 월급통장을 맡겨본 적이 없다. 아내는 평생 생활비를 타서 썼기 때문에 내 월급이 얼마인지도 모르고 살았다. 그러면서도 불평 한마디 없이 알뜰하게 살림을 했고, 심지어는 그 돈을 아껴 목돈을 만들어서 내게 돌려주기도 했다. 공기업 사장 정도 되면 누구나 집안에 일하는 사람을 두고 사는 줄로 알지만 아내는 평생 집안일을 남의 손에 맡겨본 적이 없다.

사실 아내는 나 때문에 평생 스트레스 많이 받았을 것이다. 이제는 아내도 나이가 들어서 목소리가 커졌는지, 가끔 내게 "당신은 남 시키는 데는 도사예요! 입만 가지고 모든 일을 다 하잖아요!" 하며 핀잔을 준다. 이 말에 동의할 수밖에 없는 것이, 실제로 나는 직접 하는 일이 아무것도 없었다. 평생 공조직에서 지내다 보니, 과장 때부터는 아랫사람을 관리하는 게 주요 업무였다. 후배들이 하는 일의 방향을 잡아주고, 그 결과에 따라 야단치거나 칭찬하는 게 중요한 일이었다. 여기저기서 정보를 수집해 와서 아랫사람들이 일하느라 못 들은 이야기를 보충해 주고, 내가 보고 듣고 느낀 점들을 추가해 주는 것이 내 일이었다. 밖에서 불어오는 바람을 막아주고, 내부 일을 조직화하고, 개인의 능력을 개발하게 해서 위에 제출하고……. 나뿐만이 아니라 조직의 관리자 역할을 오래 해온 사람은 그런 모든 일들을 말로 하게 된다. 그러니 남 시키는 데 도사로 비쳐질 수밖에 없다.

심지어 집을 이사하는 일도 주말에 해본 적이 없었다. "나는 바깥일 하는 사람이니 집안일은 당신이 알아서 해요" 하고 출근하면 그만이었다. 하지만 요즘은 아침에 일어나서 이불도 개고 눈에 보이는 데만 슬슬 하는 '고양이청소'지만 청소기도 돌려준다. 아내는 그나마도 큰 변화라며 웃는데, 젊어서부터 좀 더 잘해주었으면 좋았을 것을 하는 생각이 들곤 한다.

집안일은 표도 안 나면서 힘든 일이다. 생각보다 일도 많고, 집안 대소사를 챙기는 것도 여간 신경 쓰이는 일이 아니다. 물론 이런 생각을 하게 된 것도 얼마 안 되었다. 아래층에 사는 작은아들 내외는 맞벌이를 하는데, 가만히 보면 요리나 빨래, 청소 같은 집안일은 대부분 며느리의 몫이고, 아이 키우는 것도 아들이 거든다고는 해도 중요한 일은 모두 며느리가 하는 것 같다. 아내가 종종 내려가 살림도 돌보고 아이도 봐주지만 일하는 며느리 입장에서는 이 역시 부담스럽고 힘든 일이 많을 것이다.

그래서 요즘은 후배들을 보면 "젊어서 잘해라" 하는 말을 종종 한다. 가장으로서의 권위가 중요하다고 해서 아내를 홀대하거나 부리는 사람으로 여겨서는 절대 안 된다. 앞에서도 얘기했지만 나이가 들수록 아내의 입지는 커질 수밖에 없으니 나중에 미운털 박히지 않으려면 미리미리 터를 닦아 놓아야 한다.

나는 아내가 절에 갈 때마다 운전을 해주는데, 내가 "나도 보살님 덕에 극락 한번 가봅시다" 하면 아내는 "그래도 당신은 내게 잘해줬기 때문에 그 복을 받는 거예요" 한다. 아내는 '인생은 빚 갚고 가는 것'이라는 말을 자주 한다. 내가 뭐 그리 잘해준 게 있다고 아내에게 받을 빚이 있을까만 아내가 그렇게 말해줄 때마다 그렇게 듣기 좋을 수가 없다.

사랑을 주기 전에
사람부터 만들어라

    젊었을 때 집에서 개를 키운 적이 있다. 진돗개 비슷하게 생긴 잡종견이었는데, 나는 그 개를 유난히 좋아했다. '진도'라는 이름의 암놈이었는데, 차분하고 심성이 착해서 나를 잘 따랐다. 한 번은 진도가 새끼를 배서 큰 기대를 하고 기다렸다. 꼬물꼬물 귀여운 강아지를 안아보고 싶은 생각에 혼자서 마음이 바빴다. 새끼만 낳으면 어미고 새끼고 내가 살뜰하게 돌보겠다고 마음도 굳게 먹었다.

    화창한 봄날 아침, 드디어 강아지가 태어났다. 나는 궁금해서 개집 안을 기웃거렸다. 하지만 아내는 지금은 개가 너무 예민한 상태니 모른 척하라며 나를 말렸다. 나는 겨우겨우 궁금증을 억누르고 있다 오후가 다 돼서야 미역국에 밥을 말아들고 가서 개집 안을 들여다보았다.

허름한 개집 안은 평소보다도 더 깨끗했다. 강아지들은 목욕이라도 한 것처럼 말끔했고, 출산의 흔적도 찾아볼 수 없었다. 내가 고개를 갸웃거리며 아내에게 그 얘기를 하자 어미 개가 강아지들을 전부 핥아서 씻기고 출산 과정에서 생긴 이런저런 분비물도 모두 먹어치웠을 것이란다. 동물들은 야생의 본능이 있어서 갓 태어난 새끼가 위험에 노출되는 것을 막기 위해 그렇게 행동한다는 것이다.

아내의 설명을 들은 나는 깜짝 놀랐다. 얼마나 새끼를 사랑하면 그렇게 할 수 있을까 싶었던 것이다. 그 뒤로도 얼마간 진도는 새끼들의 대소변을 모두 먹어치워 주변을 깨끗하게 관리했다. 나는 그게 하도 신기해서 시시때때로 개집 안을 들여다보곤 했다.

나이가 들어 고만고만한 손자손녀를 보고 있으면 그때의 일이 눈에 선하다. 자기 자식이 귀하지 않은 사람이 어디 있을까만 내리사랑은 사람이 다른 동물을 절대 못 따라간다. 하지만 사람은 치사랑을 한다. 부모가 자식을 사랑하는 것은 당연한 일이지만 자식도 본능적으로 부모에 대한 사랑을 갖고 있다. 특히 사람이 사는 사회는 이를 도덕이라는 규범으로 통제하기도 한다.

이 같은 규범은 공자에 의해 유교사상이 정립된 이후 보다 강화되었다. 공자는 효孝 사상을 강조하며 노인을 공경하라고 가르쳤다. 이런 가르침은 동양의 전통으로 자리를 잡았고, 그 덕분에 우리 아버지 세대까지는 세상 참 편하게 살았다.

하지만 우리 세대부터는 그런 일이 어려워졌다. 그 전에야 농경 중심의 사회였기 때문에 3대, 4대가 한 집에 사는 일이 흔했고, 어린아이들 교육은 대부분 조부모의 몫이었다. 여기에 삼촌이나 고모들이 가까이 살며 양육을 지원했다. 아이들은 사회에 나오기 전에 이미 사회를 경험하며 다양한 관계를 익힐 수 있었다. 전방위적인 가족관계가 사랑을 주기에 앞서 사람을 만들었던 것이다.

하지만 점차 고등교육을 받은 인구가 많아지고 산업화가 가속화되면서 사람들이 도시로 몰리기 시작했고, 할아버지 할머니가 주도했던 밥상머리교육은 자취를 감추고 말았다. 부모가 가정교육을 전담하고는 있지만 대부분의 시간을 학교와 학원에서 보내는 아이들에겐 제대로 된 교육이 이루어질 리 만무하다. 효는커녕 일반적인 윤리교육도 제대로 하기 힘들어지고 만 것이다. 사람교육은 못 받고 사랑만 받으면서 자란 아이들이 살아갈 세상이 어떨지 고개가 갸웃거려질 때가 종종 있다.

지금 40대인 사람들은 대개 못 배우고 가진 것 없는 부모 아래서 자랐다. 때문에 과거 배고픈 시절을 희미하게나마 알고 있다. 하지만 지금의 10대 아이들은 가난을 모른다. 일부 어려운 경우를 제외하고는 거의 풍요롭게 자랐다. 지금 40대만 해도 형제가 서넛은 돼서 서로 양보하는 법이나 어른 무서운 것 등을 경험하며 자랐으니 부모랑 소통하는 게 가능하겠지만, 이들이 노년에 접어들면 감당하기 어려운 숙제가 많아질 것이다.

또한 지금 40대는 부모랑 같이 사는 사람이 많지 않지만 그들이 10

대 때는 조부모와 함께 산 가정이 많았을 것이다. 여건이 안 돼서 그렇지, 그들은 부모를 모시고 함께 사는 것 자체를 이상하게 생각하지는 않는다. 하지만 지금 10대 아이들은 조부모가 같이 사는 가정을 찾아보기 어렵다 보니 결혼한 뒤에 부모를 모시고 살 수 있다는 인식 자체가 없는 경우가 많다.

중학교 교사로 일하고 있는 한 후배의 얘기는 요즘 아이들의 인식이 얼마나 달라졌는가를 단적으로 말해준다.

학교에서 학생들에게 설문조사를 했는데 "내가 결혼을 하면 부모님은 어디에 사실까?"라는 질문에 90퍼센트가 넘는 학생이 "부모님은 부모님 집에 산다"고 대답했다고 한다. 그 나머지도 "결혼한 뒤에도 함께 산다"보다 "형이랑 같이 산다"나 "잘 모르겠다"는 응답이 많았다고 한다. 이런 아이들에게 효를 가르치고 부모 봉양에 대해 얘기하면 무슨 고려시대 얘긴가 한다는 것이다.

나 역시 자식들에게 효를 제대로 가르치지는 못했다. 몇 십 년을 일만 하느라 아이들이 어떻게 크는지도 몰랐으니 애들이 각자 제 앞가림을 하게 큰 것만 해도 순전히 애들 엄마 덕인 셈이다.

우리 세대 기준으로 보면 아이들을 이해하기 어렵고, 그 아이들도 우리 세대를 이해하기 어려울 것이다. 하지만 구세대 사람이라고 해서, 판이 달라졌다고 해서 새로운 것이 옳다고만 할 수는 없는 법이다. 인간은 정에 기대서 사는 동물이다. 나 하나 잘나면 잘 먹고 잘 살 것 같지만 세상에 독불장군은 없다. 가족, 친구, 회사동료 등 모든 관계가 원활해야 즐겁고 행복하게 살 수 있다.

이제는 밥상머리교육을 되살려야 할 때다. 효를 비롯해 인간으로서의 도덕과 측은지심惻隱之心을 가르치고, 어른을 공경하는 태도와 예절을 가르쳐야 한다. 그런 것들을 아이들과 함께 이야기하고 함께 성장해 나가야 20년, 30년 뒤 그 아이들이 지금의 부모 나이가 되어서도 함께할 수 있다.

방법은 어렵지 않다. 아이가 어릴 때부터 가정 내 대화시간을 늘리고, 아이의 학교생활에 관심을 갖고 고민을 나눠야 한다. 부모가 먼저 다가가서 친구 역할도 해주고, 멘토 역할도 해주며 공동의 경험을 늘려나가야 아이가 20대, 30대가 되어서도 부모와 대화를 하려고 들 것이다. 나이가 들고 철이 들었다고 해서 평생 느껴보지 못한 공감대가 저절로 생기지는 않기 때문이다.

요즘 젊은 사람들을 보면 아이들과 참 열심히 논다. 스스로 아버지의 역할을 깨닫고 일삼아 놀아주는 것 같다. 사실 내가 젊을 때만 해도 집안에서 그런 행동을 하는 것은 남자로서 바람직하지 않은 것으로 여겼다. 또 부모님 앞에서 자식을 너무 귀여워하는 것도 예의가 아니라고 배웠다. 하지만 이제는 내가 '애틋한 아버지'와는 너무 멀리 떨어져 있다고 생각하니 아쉬움이 남는다.

나는 아들이 손녀와 깔깔거리기도 하고 티격태격하기도 하며 노는 모습을 조용히 지켜보는 것으로 아들을 응원한다. 부녀지간에 서로의 존재를 물리적, 심리적으로 느낄 수 있다면 그보다 좋은 일이 어디 있겠는가. 어차피 아이들은 학교에 가면서, 친구가 생기면서, 대학입시가 가까워지면서 부모에게서 멀어진다. 부모와 함께할 시간 자체가 없기 때문이다. 아이가 한 살이라도 어릴 때, 하루라도 빨리 아이들에게 다가가는 아버지가 되어 나중에 '애틋한 아버지'로 기억되기를 바란다.

효의 사회화,
그러나 머지않은 유턴

지금은 세상이 달라져서 모든 게 사회화가 되었다. 건강이나 의료는 물론이고, 개인이 집을 사거나 취직을 하는 일, 심지어 태교, 육아, 교육, 효도까지 사회화되었다. 개인에게 벌어지는 모든 일을 국가의 책임으로 돌리고 있는 것이다. 이처럼 모든 부문이 사회화, 국가화되면 개인이나 가정의 책임은 사라지고 만다.

물론 국민소득이 높아질수록 사회복지가 활성화되고 정부의 지원이 많아지는 것은 사실이다. 또 어렵고 힘든 사람이 있다면 정부나 사회단체에서 발 벗고 나서서 도와야 하는 것도 맞다. 그래서 국민소득이 3만 불을 넘어서고 모든 게 사회화된 국가를 선진국이라 하는 것이다.

하지만 사람들의 욕구는 날로 커진다. 예전에는 도로나 철도 같은 사회 간접자본만 잘 갖추어지면 선진국이 될 줄 알았다. 그런데 이제는 집 근처에 공원도 갖고 싶어 한다. 예전에는 각자 마당에 작더라도 정원이나 화단이 있었는데, 이제는 빌라나 아파트가 주거문화의 중심이 되다보니 구청에서 동네에 공원을 만들어준다.

하지만 동네에 작은 공원 하나 만들자면 그 비용의 N분의 1은 내 몫이 된다. 세금을 내야 환경을 정비하든지 복지정책을 집행하든지 할 테니 말이다. 그런데도 사람들은 눈에 보이지 않는 비용은 생각지 못하고 당장 내 몸에 편한 것, 눈앞의 좋은 것만 욕심을 낸다.

자녀의 출산과 양육, 교육 그리고 부모의 질병이나 봉양 같은 가정 내 문제가 사회화되는 것도 마찬가지다. 출산율 저하에 따른 양육비 지원이나 학자금 융자 같은 정책은 이제 당당하게 요구할 수 있는 권리가 되었고, 2007년 노인장기요양보험법이 제정되면서 고령이나 노인성 질병으로 인해 거동이 불편한 노인에 대한 관리 보호 역시 국가의 몫이 되어버렸다.

그런데 부모가 자식을 가르치고 자식이 부모에게 효도하는 일까지 국가에 의지하는 것이 과연 옳은 일일까 나는 고개가 갸웃거려진다. 특히 나이가 어릴수록 부모를 모시는 일을 당연한 일이라고 받아들이는 사람이 별로 없는 것 같다. 너 나 할 것 없이 자기 자식은 끔찍이 위하고, 아이를 위해서라면 '투잡two job'을 뛰고 빚을 내서라도 쏟아 붓지만 정작 자신을 키우고 가르치느라 모든 것을 바친 부모를 생각하는 마음은 그 반에도 못 미친다. 효라는 개념 자체가 완전히 붕괴된 것이다. 그러면서 자신도 자식들에게 기대하는 바가 없다고 말한다. 하지만 그것은 나이가 들고 자식에게 의지하는 마음이 생긴 뒤에 다시 한 번 생각해 봐야 할 문제다. 돈이 있건 없건, 건강하건 병들었건 나이가 들면 결국 자식이 그립고 자식에게 의지하고 싶은 마음이 드는 것이 사람이기 때문이다.

시카고 대학의 교수이며 노벨경제학상 수상자인 개리 베커Gary Stanley Becker는 한 인터뷰를 통해 우리나라의 잠재력을 높이 평가한 바 있다. 그는 우리나라가 '정치적 안정과 경제에 대한 정부의 간섭이 최소화되기만 한다면 성공적으로 경제성장을 지속할 수 있을 것'이라고 말하며 가정의 안녕이 사회복지에 우선되어야 함을 역설했다. 더불어 그는 '건실한 가정이란 이혼율이 낮고 나이든 부모와 자녀들이 좋은 관계를 유지하는 것'이라고 설명하며 서구사회가 건실한 가정 유지에 실패함으로써 사회적 문제가 되고 있음을 지적하고 있다. 그 중에서도 노인복지에 대해 사회보장제도에 의지할 것이 아니라 저축과 가족제도를 통한 자녀들의 부모 봉양에 의지해야 한다고 강조한다.

물론 나도 지금 가속화되고 있는 효의 사회화 자체를 거부할 수 없다는 것은 잘 안다. 아들 며느리 모두 바쁘니 병든 시부모를 직접 모시는 것이 얼마나 힘든 일인지도 충분히 알고 있다. 하지만 가난한 시절, 모든 것을 자식에게 쏟아 부은 지금의 60~70대 중에는 노후에 대한 대책이 전혀 없는 사람이 많다. 그저 자식만 잘 키우고 가르쳐 놓으면 되리라 생각하고 앞만 보고 달려온 사람들이다. 이들이 지금 사회에서 그리고 가정에서 어떤 대우를 받고 있는지는 겸허한 마음으로 돌아볼 일이다.

나이 들어 이 같은 곤란을 겪지 않으려면 40대 때부터 노후준비를 해야 한다. 20대야 공부하고 군대 갔다 와서 직장에 들어가는 것만으로도 벅차다. 그러다 30대가 되면 결혼해서 아이 낳고 키우느라 바쁘다. 그 와중에 집 늘려가야지, 직장에서는 승진이라는 바늘구멍을 통과해야지, 자기 사업이라도 하는 사람은 더 눈코 뜰 새가 없을 것이다.

하지만 40대까지 그냥 넘겨버리면 50대 때는 난감한 상황에 이르기 십상이다. 요즘은 대기업이나 공무원조차도 '철밥통'이랄 수 없고, 작은 회사는 언제 어려움에 봉착할지 모른다. 아직 아이들 결혼준비도 못 했는데, 일찌감치 명예퇴직이라도 하게 되면 이후 30년 넘는 세월을 어찌 살아갈지 답답할 노릇이다.

그러니 아이들이 어느 정도 크면 노후준비에 돌입해야 한다. 요즘은 아이들이 커갈수록 들어가는 돈도 점점 많아진다고 하지만 큰돈이 아니라도 자신의 노후를 위해 꾸준히 비축해야 하고, 인간관계 측면에서도 은퇴 이후에 대한 대비를 시작해야 한다. 돈은 물론이고, 배우자, 친구, 일, 취미 등으로 바쁘게 보낼 수 있도록 스스로 준비해야 한다. 자식들이 자주 찾아와주면 좋지만 그렇지 않더라도 외로움이나 소외감을 느끼지 않도록 자신의 생활을 준비해야 하는 것이다.

아무리 일이 중요하고 돈 버는 일이 화급하다고 해도 퇴직할 때까지 오로지 일밖에 모르던 사람은 일선에서 물러나면 정말로 할 일이 없어지고 만다. 이때 밀려오는 인간적인 고독은 무엇으로도 달랠 수 없다. 반면에 나이 들어서도 자기 생활이 바쁜 사람은 자식에게 기대는 비중이 작아진다. 자식에게 기대는 마음이 없으니 스스로 즐겁게 생활할 방법을 찾게 되는 것이다.

아이들이 커서 나이가 들면 부모로부터 독립해야 하는 것과 똑같은 숙제가 부모에게도 주어진다. 경제적으로나 심리적으로 자식으로부터 독립할 준비를 해야 하는 것이다. 시대는 이미 달라졌는데 넋 놓고 시간을 보내며 자식들에게 뭔가를 기대하는 것은 현명한 처사라고 할 수 없다. 이제는 판이 달라졌으니 사고도 달라져야 한다. 새 시대에 적응하기 위한 노력, 다음 세대와의 충돌을 피하기 위한 노력으로 자신의 길을 재정립해야 한다.

하지만 나는 효의 사회화 어느 즈음에는 반드시 '유턴U-Turn'이 있을 것이라고 생각한다. 달도 차면 기운다고, 지금과 같은 포퓰리즘populism적인 사회복지에는 한계가 있을 수밖에 없다. 지금 젊은 사람들이 정부나 국가에 대고 요구하는 사회적 봉양도 어느 순간에는 분명히 개인의 책임으로 돌아올 것이라는 게 내 생각이다. 이 엄청난 고령화 사회에 국가가 모든 노인을 다 책임질 수 없음은 불을 보듯 빤한 일이다.

그리스나 유럽의 불황도 이런 식의 누수현상임을 어렵지 않게 짐작해 볼 수 있다. 옛말에 '사람은 당해봐야 안다'고 했지만 이런 일은 당한 뒤에 수습하려면 너무 큰일이 되고 만다. 국가에나 기업에나 경제적 부도는 언제든 일어날 수 있다는 것을 기억하고 미리 대비하는 것이 현명한 일 아닌가 하는 생각을 떨쳐버릴 수가 없다.

노후준비의 4가지 유형

2011년 HSBC가 조사한 바에 따르면 우리나라 사람들이 은퇴 후의 재정 상태를 걱정한다는 응답이 79퍼센트에 달해 세계 평균(64%)보다 크게 높았다. 경제적 어려움에 대해 걱정하는 이유로는 '기대수명이 길어진 만큼 늘어난 은퇴자금(57%)'과 '저금리로 인한 은퇴자금 적립금의 낮은 수익률(39%)' 등을 꼽았다.

하지만 은퇴에 대한 구체적인 준비는 소홀한 편이다. 2012년 삼성생명 은퇴연구소가 여가, 가족 및 친구, 주거, 건강 등 7가지 부문에 걸쳐 우리나라 사람들의 은퇴준비 수준을 측정한 결과, 일과 함께 재무적인 부문이 가장 취약한 것으로 나타났다. 특히 은퇴가 얼마 남지 않은 50~60대의 재무적 준비가 부족한 것으로 드러나 문제가 심각한 것으로 분석됐다. 은퇴를 앞둔 50~60대가 이제라도 단기간에 재무적인 준비를 할 수 있도록 제도적 보완이 필요한 시점이다.

이처럼 은퇴준비의 필요성과 심각성은 알지만 막상 준비가 부족한 데는 과도한 주택 구입 자금 마련과 자녀의 교육비 및 결혼비용 부담, 부모 부양 책임과 같은 외부적 요인이 크다. 또 하나는 행동경제학에서 사람들이 가진 기본적인 편견 중 하나로 꼽는 '과신overconfidence' 때문이다. 사람들은 자신에 대한 과도한 믿음으로 은퇴를 대비한 저축을 하지 않으면서도 노후를 안락하게 보낼 수 있을 것이라고 낙관하는 경향이 있다. 하지만 이는 저조한 저축으로 이어져 노후 생활을 빈곤하게 만드는 원인이 된다.

앞으로 은퇴를 맞이할 사람들을 노후준비에 대한 인식과 실천 정도를 기준으로 4가지 유형으로 나눌 수 있다.

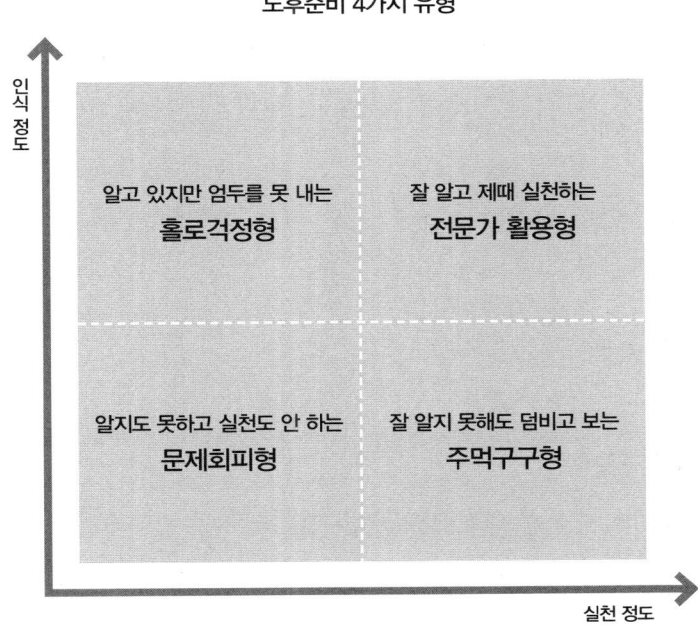

문제회피형

자신의 노후에 대해서 생각하기도 싫고 준비할 여력도 없어 그냥 손 놓고 있는 유형이다. 당장의 생활도 빠듯하다 보니 자신감을 잃고, 노후의 삶을 자녀에게 의탁하려 하거나 아예 포기하는 것이다. 이 유형의 사람들은 자칫 기초노령연금 정도만을 수령하는 '노후 난민'으로 전락하게 될 우려가 높다.

홀로걱정형

신문, 인터넷 등을 통해 관련 정보를 자주 접하기는 하지만 막연히 걱정만 하는 유형이다. 우리나라 30~40대 대다수 잠재 은퇴자들이 이 유형에 해당된다. 이들은 국민연금, 퇴직금(직장인의 경우) 이외에는 별도의 은퇴준비를 하지 못하고 있다. 30~40대에는 결혼 등 여러 가지 인생의 중요한 일들에 대한 지출이 많기 때문에 노후준비는 후순위로 밀려 결국 정년퇴직 직전인 60세가 다 되어서야 비로소 은퇴에 대한 고민을 시작하는 것이다.

주먹구구형

은퇴 후 노후 설계에 대한 필요성을 인식하고 실천에 나서지만 체계적인 준비가 미흡한 유형이다. 일단 준비에 나섰다는 점에서는 긍정적이지만 자신이 현재 처한 재무적 상황이나 앞으로의 목표를 바탕으로 구체적인 계획을 잡기보다는 얕은 투자 지식이나 주위 사람들의 권유에 따라 여러 금융상품에 기웃거리는 수준에 그친다.

이 유형의 사람들은 예금, 적금과 같이 지나치게 안전 지향적인 상품을 선호해 앞으로 물가상승(인플레이션) 위험에 노출되거나, 반대로 주식 등 고위험 자산에 한꺼번에 투자해 큰 손실을 입는 실수를 저지를 가능성이 크다. 안이하게 결정한 재財테크가 재災테크로 돌아올 수 있다.

전문가 활용형

가장 바람직한 유형이다. 이들은 평소 재무설계나 은퇴설계에 관한 세미나에 참가하기도 하고 관련된 책으로부터 얻은 지식을 바탕으로 자신의 나이, 직업, 자산, 투자 성향 등을 종합적으로 고려해 부족한 부분을 채울 수 있는 금융상품을 선택한다. 주식시장의 상황이나 경제가 급변해도 꾸준하게 저축해 나가면서 실천하는 강한 용기도 가지고 있다. 노후설계 시 재무설계사나 금융기관 전문가들의 도움을 받기 때문에 투자와 관련된 위험에 빠질 확률이 낮고, 노후에 대한 준비도 탄탄하다.

자료제공 : 삼성생명 은퇴연구소

노후준비에 있어 가장 많은 시간과
구체적인 계획이 필요한 것은 바로 경제적인 부분이다.
돈이 없으면 명품노인으로 살 수 없기 때문이다.
가족관계가 화목하고 자식들이 잘한다 해도 누군가에게
기대서 살면 여유가 없다. 큰 근심 없이 사는 것만으로는
명품노인 대열에 낄 수 없는 것이다.
수많은 금융상품들이 노후에 대해 위협성 광고를 하고 있지만
꼭 그 때문이 아니라도 노후준비에 있어
가장 기본이 되는 것은 바로 돈이다.

part
2

돈,
얼마나 있어야 할까?

노인의 절반은
빈곤하게 살고 있다

얼마 전 텔레비전에서 생명보험사회공헌위원회 광고를 보았다. 여기서 제시하는 통계자료를 보니 노후에 경제적인 문제가 얼마나 큰 비중을 차지하고 있는지 실감이 났다. 광고는 "고령화 속도 세계 1위, 2030년 예상 평균수명 90세, 노인병원비 1인당 월 25만원, 노인빈곤율 45.1퍼센트, 은퇴 후 가장 큰 문제는 경제적 어려움 40.6퍼센트"라고 말하고 있다.

한마디로 '늙고 병들어 돈이 없으면 살기 어렵다'는 얘기다. 모두들 백세시대, 백세시대 하며 무슨 대단한 축복이라도 받은 것처럼 떠들어대지만 이 광고는 준비되지 않은 노년은 그야말로 엄청난 재앙이 될 수 있음을 시사하고 있다.

우리나라는 노인자살률이 OECD 국가 중 1위라는 불명예를 안고 있다. 이들이 모두 돈 문제로 세상을 등진 것은 아니겠지만 이들이 가진 돈이라도 많았다면 가족이건 친구들이건 그들이 혼자 죽음을 결심하도록 내버려두지는 않았을 것이라는 생각에 씁쓸한 마음을 지울 길이 없다.

나도 친구들 모임이 몇 개 있지만 모두가 열심히 나오는 것은 아니다. 나야 노인네들 맨날 하는 "왕년에 내가……" 소리 지겨워 잘 안 나가지만 더러는 나오고 싶어도 못 나오는 경우도 있다. 그래서 나이 들어서 모임에 안 나오면 그 연유를 묻지 않는 것이 매너라고들 한다. 다들 이런저런 이유를 만들어 둘러대지만 답은 뻔하다. 그중 하나는 건강이 악화된 것이고, 다른 하나는 돈이 없는 것이다.

나이 들어 건강이 악화되면 집이나 병원으로 친구들을 불러대는 게 보통이다. 노인들은 병이 벼슬이라 병이 깊을수록 벼슬도 높다. '내가 어디가 어떻게 아파서 병원에 갔더니 온갖 검사를 한 뒤 어마어마한 청구서를 내밀더라'는 얘기를 떠들고 싶어 가만히 있지를 못한다. 그러니 전화기 집어들 기운만 있으면 어떻게든 소문이 나게 되어 있고, 오래 만나온 친구들이면 의당 병문안을 가게 마련이다.

그런데 손자손녀나 집안일이나 다른 손님 등등 온갖 핑계를 대고 모임에 안 나오는 경우는 십중팔구 경제적인 여유가 없어서 마음의 여유까지 없어진 경우라고 할 수 있다. 특히 골프 모임이나 여행 모임처럼, 가벼운 식비 수준의 회비를 넘어서는 돈이 필요한 모임일 경우,

이렇게 소리 소문 없이 빠져나간 사람이 적지 않다. 그래서 진짜 생각이 있는 친구는 "너 요즘 왜 모임에 안 나오니?" 하고 묻지 않는다.

건강이야 누구도 장담할 수 없는 일이다. 당뇨나 고혈압 정도는 중년 들어서면서 누구나 만나는 친구가 되었고, 뇌졸중이나 암 같은 중병은 어느 날 벼락 치듯이 내리꽂히면 그만이다. 또 요즘은 워낙 교통사고가 많으니 누가 누구를 탓할 새도 없이 세상을 떠나는 경우도 흔하다. 하지만 돈 문제만큼은 일찍부터 준비하면 어느 정도 벗어날 수가 있다.

'가난은 나라님도 구제 못 한다' 했다. 그런데 젊은 사람들은 못 사는 것에 대해 자기 책임을 잘 못 느끼는 것 같다. 요즘은 자기 책임에 대해 가르치는 사람이 없기 때문이다. 그러니 문제에 부닥치면 풀 생각은 안 하고, 왜 나한테만 이런 문제가 생기냐며 남탓을 하거나 사회를 원망하는 일이 많다.

모든 문제의 근본적인 원인은 내 안에 있다. 돈 때문에 쪼들리는 것 역시 내가 성실하게 일하지 않았거나, 알뜰하게 저축하지 않았거나, 분수에 넘치게 쓰면서 살았거나 하는 데서 일차적인 원인을 찾아야 한다. 다른 사람에게 사기를 당하거나 돈을 떼인 경우라 해도 허황된 일에 욕심을 부리거나 잘못된 판단으로 못 믿을 사람을 믿었던 것은 아닌지 자신의 실책부터 되짚어봐야 한다.

자리가 없어 일을 못한다는 원성도 사람을 못 구해서 인력난에 허덕이는 기업이 수두룩하다는 점에 비추어보면 그다지 설득력이 있어

보이지는 않는다. 모두가 좋은 일자리에서 인정받으며 일하기는 어렵더라도 어떻게든 가난을 면해보려 발버둥을 친다면 적어도 일이 없어서 굶을 일은 없을 것이다.

시장에서 김밥 장사를 하는 할머니가 1억 원씩 장학금을 기탁했다는 뉴스를 볼 때면 나부터도 반성이 될 때가 많다. 중요한 것은 삶의 태도다. 솔직하게 되돌아보면 벌이는 분명 해가 갈수록 늘어났는데, 씀씀이가 그것을 넘어서고 있었음을 알게 될 것이다.

나는 재테크라고는 모르고 살았다. 그저 먹는 것 아끼고, 쓰는 것 아껴서 저축한 것이 전부다. 혼자 벌어서 다섯 식구 먹고살고, 자식들 가르치고, 결혼시키고, 아버지 병수발 하고 나니 따로 남는 것도 없었다. 그러니 오로지 절약하고 근검하게 사는 것밖에는 방법이 없었다. 그나마 공무원 생활을 오래 한 덕에 연금이 있어서 거기에 기대 살 생각을 하니 다른 사람보다는 근심이 적다. 그것만으로도 얼마나 마음이 편한지 모르겠다.

물론 공무원 연금이란 것도 거저 주는 것은 아니다. 30년 세월을 매달 10만 원 넘게 꼬박꼬박 적립했다 늘그막에 찾아먹는 것뿐이다. 공무원들이야 일반 기업처럼 목돈으로 쥐어주는 퇴직금이 없으니 바라볼 것이 연금밖에 없다.

나는 퇴직금을 받는 친구들에게도 연금으로 묶어두는 것이 가장 영리한 방법이라고 조언하곤 한다. 돈이란 게 있으면 반드시 쓸 자리가 생기게 마련이다. 목돈이 생기면 분명 노리는 사람이 있다. 그러니 누가 됐건 '저 돈은 건드릴 수가 없다'는 인식을 심어줘야 한다. 그것이 바로 연금이다. 내 돈이지만 내 돈이 아니고, 다른 사람이 관리해 주는 것이니 오히려 그게 마음 편한 일이다.

나는 사람들을 만날 때면 작더라도 민간연금을 준비해 둘 것을 권하곤 한다. 국민연금이야 열심히 한다 해도 기간이 짧고 금액이 작다 보니 노후에 받아쓰려면 최저생계비도 안 돼서 궁핍을 벗어나기 어려울 것이다. 당장 집을 늘리거나 삶의 질을 높이는 것도 중요한 일이지만 정작 벌이가 없는 노년의 삶이야말로 20년 이상의 긴 세월에 걸쳐서 준비해야 하는 장기 프로젝트인 셈이다. 그러니 일찌감치 준비를 안 하면 갈수록 어려워진다. 수입은 나날이 줄어들고, 갑자기 수입이 뚝 끊기는 경우도 많다. 하지만 물가도, 세금도 계속 치솟기만 하니 나이가 들수록 삶이 고단해질 수밖에 없는 것이다.

쇼핑센터나 백화점, 이런저런 위락시설에 가보면 젊은 사람들로 북새통을 이룬다. 그들을 보고 있으면 언제 일하고 언제 저축하나 하는 생각이 들 때가 많다. 많은 사람들이 돈을 쓰는 데만 너무 재미가 들려 있는 게 아닌가 하는 노파심이다. 하지만 노인의 절반이 빈곤하게 살고 있다는 통계는 가볍게 보아 넘길 수 있는 자료가 아니다.

젊어서는 좀 곤궁하게 살아도 크게 보기 싫지 않다. 오히려 검소한 것으로 호평을 받을 수도 있다. 하지만 나이 들어 빈곤하면 그렇게 초라해 보일 수가 없다.

지금보다 조금만 더 아끼며 살면 훨씬 더 안락하고 품위 있는 노년을 보낼 수 있다. 지금 같은 소비의 시대에 근검절약하며 저축하는 것이 결코 쉬운 일은 아니지만 지금 준비하지 않으면 나이 들어 돈 걱정으로 시간을 보낼 수도 있다는 것을 기억했으면 좋겠다.

내 주머니에 든 사탕은 몇 개일까?

얼마 전에 이발소에 이발을 하러 갔더니 이발사가 전에 없이 푸념을 늘어놓았다. 벌써 몇 년째 한 달에 한 번씩 얼굴을 봐온 사이지만 한 번도 그런 내색이 없던 사람이라 무슨 일인가 싶어 귀를 기울였다. 그의 말인즉슨, 자기 나이 60이 넘도록 주말도 없이 막노동꾼처럼 일해 왔는데, 지금 와서 돌이켜보니 아무것도 남은 게 없다는 것이다.

그가 하는 말이 왠지 가슴에 남았다.

"선생님, 요즘 점잖은 욕이 뭔지 아세요? '아들 둘만 낳아 기를 놈'이랍니다!"

슬하에 아들 하나 두었다는 이 이발사는 그 녀석이 크는 것도 못 지켜보고 일만 했다는데, 아들이 뭔가 서운하게 한 모양이었다. 그러면서 지금 생각하면 힘들어도 딸 하나 더 낳아서 키울 걸 그랬다 한다. 그는 하도 형편이 어려워 자식 하나 더 낳을 생각은 하지도 못하고 살았다며 늙어서는 돈을 가지고 있어야 자식도 찾아온다며 한숨을 내쉬었다.

언젠가 한 친구가 "늙어서는 사탕을 갖고 있어야 자식들이 빨아먹으로 온다"며 농담을 하기에 웃고 말았는데, 그 이발사의 얘기를 들으니 그게 한두 사람의 일만은 아니구나 싶은 생각이 들었다.

식당 같은 데 가서 어쩌다 옆 테이블에 앉은 20대 아이들이 하는 이야기를 들어보면 대개가 연애 이야기다. 그런데 60대 이후 노인들이 만나서 대화하는 걸 들어보면 거의가 자식자랑이다. 부모에겐 나이가 들수록 자식이 전부지만 아이들은 부모에 대해서 그렇게 생각하지 않는다는 얘기다.

젊은 사람들에겐 연애와 결혼, 취업, 승진 등 관심거리가 많다. 그들에겐 그 모든 것이 하나하나 골치 아픈 일이고, 마음 설레는 일일 것이다. 하지만 나이가 들면 자식 문제가 가장 큰 일이고, 자식이 뭔가 좋은 소식을 전해오거나 직접 찾아오는 일이 가장 마음 설레는 일이다. 그렇다고 해서 밖으로만 나도는 자식들에게 징징대며 하소연해봤자 무슨 소용이 있겠는가.

셰익스피어는 "젊은 사람들에게 세상을 다 넘겨주지 마라. 그들에게 다 주는 순간 천덕꾸러기가 될 것"이라고 말했다. 두 딸에게 배신당한 리어왕처럼 춥고 배고픈 노년을 보내며 외롭게 죽고 싶지 않다면 얼마가 됐건 자기 것을 갖고 있어야 한다. 부모 마음이야 자식에게 무엇을 내주건 아까울 것이 없지만 그것이 결코 현명한 처사는 아니라는 얘기다.

자본주의 사회에서는 집 안에서건 밖에서건 경제력이 권력이다. 얼마가 됐건 돈을 쥐고 있는 사람은 대우를 받고, 관심을 받는다. "가진 돈 전부 만원짜리로 바꿔서 이부자리 아래 깔고 있다 찾아오는 놈들에게 한 장씩 빼주겠다"는 노인들의 말이 그저 실없는 농담만은 아닌 것이다.

또한 자식들에게 뚝 떼어줄 만큼의 재산은 아니라도 자기 앞가림은 스스로 할 수 있을 정도의 돈은 있어야 자식들에게 폐를 끼치지 않는다. 요즘은 너나없이 힘들다고들 하는데, 자식이 용돈 수준을 넘어 부모의 생활비를 대야 하는 형편이라면 부담을 느낄 수밖에 없을 것이다.

부모 자식 간에야 꼭 돈이 '사랑'이라고 할 수는 없겠지만 보통의 경우, 돈을 갖고 있는 부모와 그렇지 않은 경우는 차이가 있게 마련이다. 마음으로야 당연히 부모를 사랑하고 공경한다 할지라도 왔다갔다는 하는 데 드는 비용과 시간을 생각할 때 그 발걸음이 더 가벼운 경우와 그렇지 않은 경우는 반드시 있을 테니 말이다.

또 벌어야 한다 vs.
또 받으면 된다

나는 아이들 결혼시키면서 집 한 칸씩 얻어주고는 '이게 끝'이라고 분명히 못을 박아두었다. 20년 넘게 키우고 가르치고 결혼까지 시켜줬으면 나도 할 만큼 했으니 앞으로는 각자 알아서 살라고 선언했다.

"너희들도 알다시피 아버지는 그렇게 부자가 아니다. 지금 우리가 살고 있는 이 집하고 여생을 보내려고 준비해 둔 시골 땅 한 뙈기, 그리고 죽을 때까지 나오는 연금이 전부다. 그나마도 너희들에게 물려줄 생각은 없으니 지금부터 마음 접는 게 편할 거다."

내 태도가 워낙 단호해서 그랬는지 몰라도 세 아이 모두 순순히 웃으면서 내 뜻을 받아들였다.

속으로야 서운할 수도 있고, 그래도 아버지 집은 우리 몫 아닐까 싶을지도 모르겠지만 그건 저희들 생각이고, 나는 정말로 자식들에게 집 한 채 남겨주고 싶은 마음이 없다. 여태 낚시질 가르쳐 놓았으면 고기는 직접 잡는 게 마땅한 일 아니겠는가.

무엇보다 나는 자식들이 아끼고 저축하는 삶을 살기를 바란다. 나 역시 남들 다 한다는 재테크도 할 줄 모르고, 그저 아끼고 산 것이 전부였지만 지금에 와서 생각해봐도 그만한 왕도가 없었다.

경험적으로 보건대, 세상에는 절약에 버금가는 재테크가 없다. 남의 말을 들어보면 한순간에 쉽게 큰돈을 벌 수도 있을 것 같고, 한 푼 두 푼 저축하는 일이 미련해 보일 수도 있다. 하지만 먹을 것 다 먹고, 입을 것 다 입고, 볼 것 다 보면서 재테크를 한다는 건 있을 수 없는 일이다. 시대를 관통해서 증명된 재테크 비결은 근검절약이다. '티끌 모아 태산'이라는 말이 그냥 나온 것이 아니다.

쉽게 번 돈은 쉽게 나가게 되어 있다. 그것이 세상 이치다. 가까운 예로, 똑같은 20대라도 돈을 벌어서 쓰는 사람과 부모에게 받아서 쓰는 사람은 씀씀이가 완전히 다르다. 내 노력 없이 부모에게 받아서 쓰는 사람은 낭비가 많을 수밖에 없다.

실제로 요즘 같은 불황에 돈을 흥청망청 쓰는 사람들은 용돈 받아서 쓰는 젊은 아이들이나 쉽게 큰돈을 거머쥔 사람이 대부분이다. 힘들게 몸과 머리를 써서 돈을 번 사람은 절대 돈을 함부로 쓰지 못한다. 편의점 아르바이트를 하더라도 직접 돈을 벌어본 사람들은 단돈 만 원을 벌기 위해서 얼마나 노력해야 하는지 잘 안다.

그런 의미에서 나는 월급쟁이도 돈을 안 벌어본 쪽으로 친다. 그들 역시 일만 했지 돈을 안 벌어봤으니 돈 버는 일이 얼마나 힘든지 잘 모른다. 그저 한 달간 열심히 일만 하면 돈을 받을 수 있으니 돈 자체의 귀함에 대해서는 잘 인식하지 못하는 경우가 많다. '또 받으면 된다'는 것과 '또 벌어야 한다'는 것은 천양지차다. 또 받으면 된다는 사람에게 돈은 샘물처럼 언제든 솟아나오는 것이다. 그러니 있는 대로 카드를 긁어대고 월급 들어올 날만 기다리는 것이다.

요즘은 경기가 어려워서 그런지 횡재나 한방, 대박을 노리는 사람이 많다. 그런데 놀랍게도, 복권에 당첨된 뒤에 행복해진 사람보다는 이혼이나 부도, 인간관계 단절 같은 불행을 겪는 사람이 많다고 한다. 이런 현상은 세계 어느 나라건 마찬가지라고 하니 거기에는 분명 이유가 있을 성싶다.

사람은 자기 능력 범위 안에서 살아야지, 그릇에 넘치는 것을 한꺼번에 받으면 못 견딘다. 자기 능력 밖의 것은 관리도 못 할뿐더러 철철 흘러넘치는 게 눈에 훤히 보이니까 옆에서들 가만 놔두지를 않는다. 그릇이 작은데 너무 큰 것을 받으면 애초에 작은 것을 받은 것만 못한 셈이다. 그래서 사람은 그릇이 중요하다고 하는 것이다. 자신의 그릇 크기를 알고 과한 욕심을 부리지 않는 것이 현명한 태도다.

그릇이 큰 사람은 애초에 그 같은 일확천금을 바라지도 않는다. 이들은 성실하게 일하며 일한 만큼의 대가만 기대한다. 그리고 그것을 유용하고 알뜰하게 사용할 줄 안다. 그릇이 작은 사람은 분에 넘치는 걸 바라보고 살지만 정작 행운이 주어져도 그것을 자기 것으로 만들지 못하고 오히려 일을 그르칠 때가 많다. 자기가 관리할 수 있는 능력 밖의 행운은 오히려 불운인 셈이다. 세상의 이치란 바로 이런 것을 두고 이르는 말이다. 한 푼 한 푼 힘들게 벌고 아끼고 모아서 미래를 준비하는 것, 그것이 진정으로 요구되는 이 시대의 재테크가 아닐까 싶다.

자신을 위한
똑똑한 보험 들기

나보다 한 살 많은 선배 중에 아들딸 남매를 둔 사람이 있다. 이 선배는 딸과 사위가 맞벌이를 하고 있어서 집에서 외손녀를 키워줬다. 그 아이가 벌써 중학생이 되었으니 그 선배의 부인도 적잖이 고생을 했을 것이다.

그런데 어느 날 딸이 엄마를 찾아와서 하소연을 하더란다. 중학생 딸내미가 "엄마, 나 동생 하나 낳아주면 안 될까?" 하더라는 것이다. 그래서 왜 다 커서 갑자기 동생타령이냐고 물으니 "나중에 나 혼자 엄마 아빠 모셔야 한다고 생각하니 너무 부담스럽거든! 또 미래의 내 남편이 자기 부모님을 모셔야 한다고 하면 그것도 참 곤란하잖아!" 하더란다.

이 선배 내외는 그래도 손녀가 제 부모 모실 생각을 하는 것을 보니 큰 걱정은 없겠다고 위로하며 딸을 돌려보냈다고 한다.

지금 30~40대는 자식이 자신을 봉양해 줄 것이라는 기대는 안 한다고 한다. 노후준비란 본래 그런 개념에서 시작되는 것이다. 그래서 연금도 들고 보험도 드는 것이다. 그중에서도 보험을 드는 사람은 노후준비는 다소 부족하더라도 병원비만큼은 자식들에게 신세지지 않겠다는 생각이 강하다고 할 수 있다.

나도 얼마 전에 아이들에게 이런 얘기를 한 적이 있다.

"너희들 말이야, 너희 엄마가 쓰러지면 병원비며 간병비 다 너희들이 내야 돼. 그러니까 지금부터 엄마한테 잘해서 나중에 간병비 안 들게 해라."

아이들은 웃으면서 그러겠다고 했지만 사실 젊어서부터 건강이 안 좋았던 아내가 가엽고 걱정되는 건 내 진심이다. 실제로 아내가 쓰러지는 일이라도 생기면 나로서는 참으로 난감한 일이다. 평생 바깥일밖에 안 해본 내가 뭘 할 수 있겠는가. 자식들도 다들 일을 하고 있으니 엄마 곁에 붙어서 간병을 하라고는 못할 일이다. 이제 겨우 마흔 이쪽저쪽인 아이들에게야 그런 말이 그저 지나가는 말처럼 들릴지도 모르겠지만 우리 나이 정도 된 사람들에게는 정말로 코앞에 닥친 현실이다.

나이가 들면 여기저기 안 아픈 데가 없다. 중병이 없어도 치과, 안과, 이비인후과는 기본으로 드나들어야 하고, 신경질환, 심혈관질환

등이 생길 가능성이 급격히 높아진다. 기계를 오래 쓰면 여기저기 고장이 나서 애프터서비스가 필요한 것처럼, 우리 몸도 오래 쓰면 퇴화될 수밖에 없고, 노화에 동반되는 여러 가지 질환으로부터 자유로울 수 있는 사람은 거의 없다.

하지만 돈이 없으면 병원 가는 것도 편치가 않다. 번번이 병원비에 약값에 차비까지, 이래저래 단돈 만 원이 든다 하더라도 하루가 멀다 하고 병원을 드나들다 보면 그 비용도 만만치 않다.

돈이 얼마간 있다 하더라도 언제 큰 병이 생길지 모르고, 또 앞으로 얼마나 더 살지 알 수 없으니 아껴 써야 한다는 생각에 부담스럽기는 마찬가지다. 노후의 일은 아무도 장담할 수 없고, 누군가에게 전적으로 의지하기도 불편하기만 하다. 그래서 쥐꼬리만한 돈이 있어도 꽉 쥐고서 벌벌 떠는 게 노인들이다.

그래서 나도 꼭 필요한 보험 몇 개는 들어놨고, 아이들에게도 보험의 중요성을 강조하곤 한다. 지금은 내가 보험회사에서 일을 하고 있으니 보험 얘기하는 것이 좀 조심스럽지만 요즘처럼 질병이나 사고가 많은 시대에는 보험이 필수적이다.

물론 나도 예전에는 보험에 대한 인식들이 좋지 않았던 것을 알고 있다. 우리가 젊을 때만 해도 중대질병이 흔치 않았고, 자동차를 갖고 있는 사람이 많지 않았으니 교통사고 등으로 인해 상해를 입을 확률도 낮았다. 또 보험상품이 소비자들의 욕구와 필요를 충분히 채워주지 못한 부분도 분명 있었다. 하지만 지금은 보험 없이는 안 되는 시대라고 할 만큼 질병과 사고가 흔해졌다. 사람 일은 누구도 장담할 수가 없는 것이다.

그런데 아직도 보험을 마치 설계사를 위해서 드는 것처럼 주저하거나 기피하는 사람들이 있다. 설계사들이 영업을 위해 이런저런 선물을 하거나 갖가지 친절을 베풀다 보니 되레 보험에 드는 것이 그들에게 무슨 큰 이득이라도 남겨주는 일처럼 여겨지는 모양이다. 하지만 일단 병이 나서 보험금을 받아본 사람은 누구나 '이럴 때 보험 없었으면 어쨌을까' 싶은 생각이 절로 든다고 한다.

특히 사용한 병원비를 그대로 변제해 주는 실손보험은 아주 유용하다. 나는 지금이야 삼성생명에 적을 두고 있으니 삼성병원에서 무료 건강검진 같은 의료혜택을 받고 있지만 이 일이 하기 전에는 병원에서 무슨 검사를 하자, 무슨 사진을 찍자 할 때마다 "그건 얼마짜리입니까?" 하는 질문부터 하곤 했다.

요즘은 크고 작은 질병이나 사고는 물론, 치매 환자에게 들어가는 간병비까지 보장해 주는 보험이 나왔으니 얼마나 좋은 세상이 되었는지 모른다. 젊고 건강할 때야 언제까지나 건강할 것 같다. 하지만 나만 해도 언제 나이 드는지 모르게 시간이 지나갔다. 긴 잠에서 깨어난 듯 퍼뜩 정신을 차려 보니 나이 들어 어느덧 할아버지가 되어 있으니 세월을 탓한들 무슨 소용이겠는가.

'보험'이라는 말은 이제 만일의 경우에 대비해서 마련해 두는 최소한의 안전장치라는 의미의 일반명사로 사용될 만큼 일반화되었다. 보험 가입은 만일에 생길 수 있는 질병에 대한 최소한의 안전장치다. 사실 매달 보험료 낼 때는 부담도 되고 아까운 생각이 들기도 한다. 하지만 불의의 사고나 급작스런 병치레 등 꼭 필요한 순간에 보험금을 받아보면 보험에 들어놓기를 참 잘했다는 생각이 든다. 또 보험을 들었다 보험금 받을 일이 없으면 그것 또한 좋은 일이 아닌가. 이때는 그저 저축에 대한 이자를 안전장치 값으로 치렀다고 좋게 생각하면 그만이다.

"99칸 집이나 짓고 살 놈"

　먼 친척 집을 방문했을 때의 일이다. 육촌 형님뻘 되는 분에게 안부 인사를 갔는데, 우연히 그 집 베란다 선반에 포장도 풀지 않은 새 냄비들이 쌓여 있는 것을 보게 되었다. "아니, 형님! 저건 다 뭡니까? 웬 새 냄비가 저렇게 많아요?" 했더니 그 형님의 대답이 기가 막혔다. 그 댁 형수께서 새 물건이 생길 때마다 넓은 집으로 이사하면 다 풀어놓고 쓰겠다면서 몇 년째 하나둘 모아두고 있는 게 저렇게 쌓였다는 것이다. 나는 아무 말 못했지만 돌아오는 발걸음이 영 무거웠다. 나이 70을 넘긴 양반이 집을 넓혀 이사를 가겠다고 하는 것이며, 새 냄비를 쌓아두고 있는 모습이 썩 좋아보이지를 않았던 것이다.

　두 식구 부엌살림이 얼마나 필요하다고, 좋은 것이 생길 때마다 얼른 풀어서 쓰거나 자기 소용에 안 닿으면 자녀나 지인들 나눠줬으면 좋았을 것을, 그렇게 묵히면서 유행 지난 옛날 물건 만들고 있는 것이 안타깝기도 했다. 그런 소비재야 하루가 다르게 가볍고 예쁜 것들이 쏟아져 나온다. 그런데도 물건에 대한 욕심을 못 버리고 그렇게 쌓아놓고 짐을 만들고 있으니 답답하기 짝이 없는 노릇이었다.

나이가 든다는 것은 비우고 줄이고 나누는 것이다. 젊어서는 채우고 늘리고 끌어 모으는 것이 일이었다면 나이가 들면 그 반대로 하는 것이 옳다. 이것이 자신의 삶을 가볍게, 가치 있게 만드는 일이다.

오래 전에 어디선가 읽은 얘긴데, 삶을 간소하게 살기 캠페인 같은 것을 하는 사람의 이야기로 기억한다. 그는 평소 잘 안 쓰는 물건들을 박스에 담고 테이프로 봉해 두었다가 1년이 넘도록 그것을 열 일이 없으면 다시 열어볼 필요도 없이 통째로 버리라고 했다. 그의 발상이 너무 신선하고 그럴 듯해서 오래도록 가슴에 남아 있다. 그래서 나는 아직 실천을 못 해봤지만 아이들에게는 이야기를 해주었다.

또 어떤 시인은 "사람들은 죽어라고 사들였다 죽어라고 내다버린다"고 일침을 가하기도 했다. 우리는 너무 많은 물질을 욕심내고 종국에는 그것에 얽매여 살아간다. 옷이며 살림살이를 사는 것도 그렇고 집을 넓히는 것도 그렇다.

집이건 물건이건 필요 이상의 물질은 오히려 짐이 될 뿐이다. 특히 큰 빚을 내서 분수에 넘치는 자동차나 집을 사는 것은 정말이지 말리고 싶다. 요즘처럼 유가가 높을 때 연비 나쁜 큰 차를 욕심내는 것이나, 부동산 경기가 하락세로 일관하고 있을 때조차 집에 대한 욕심을 버리지 못하는 것을 보면 걱정스러울 때가 한두 번이 아니다.

게다가 나이 들어 큰 집에 살면 청소하고 정리정돈을 하는 데만 해도 많은 시간과 노동력을 할애해야 한다. 어느 광고카피처럼 집은 '사는居 것'이지 '사는買 것'이 아니다. 사고팔기 좋은 집보다는 마음 푹 놓고 살기에 좋은 집이 좋은 집이다.

옛날에 점잖은 욕이 "99칸 집이나 짓고 살 놈"이라고 했다. 99칸 집을 짓고 살려면 얼마나 힘이 들겠는가. 짓는 것부터 시작해서 관리에 청소에 일이 끝이 없을 것이다. 돈이 많으면 청소하고 관리할 사람을 따로 두면 되겠지만 사람을 관리하는 일은 집을 관리하는 것보다 몇 배는 힘든 일이다. 집 짓고 늘리는 일은 흰머리를 늘리는 일이다. 그러니 부디 나이 들수록 간소하게, 욕심 없이 살아야 한다.

특히 젊은 사람들이 분수에 넘치는 큰 집을 욕심내는 것은 빚을 깔고 누워서 자는 것과 다를 바 없다. 지금이야 아이들이 한창 커가는 중이니 웬만한 집은 좁게 느껴질지도 모르지만 아이들은 금방 커서 부모 곁을 떠난다. 그러니 집은 조금 좁은 듯하게 살고 가재도구를 줄여서 되도록 공간을 넓게 쓰는 것이 현명하다.

소소한 돈 관리법

내 인생에 오점이 있다면 한 1년 카지노에 드나들었던 일을 얘기할 수 있다. 아프리카 케냐 나이로비에 있는 대사관에 상무관으로 파견을 나갔을 때의 일이니 아주 오래 전 일이다. 지금 우리나라에서야 카지노에 드나들었다 하면 금방 큰일이라도 날 것 같지만, 당시 케냐에서 카지노는 관광객들도 재미 삼아 들르는 코스였다.

케냐에 나갈 당시, 막내가 생후 2개월밖에 안 되었을 때니 나도 아내도 젊을 때였다. 큰애가 여덟 살, 둘째가 네 살이었으니 아내는 거기 가서도 하루하루 정신없이 보내고 있었다. 그런데 한국인 카지노 사장이 대사관 직원들을 초청해서 인사 삼아 방문한 카지노에 재미가 들린 것이다.

처음에는 아내도 심각하게 생각하지 않았다. 어차피 내가 큰돈으로 도박을 할 사람은 아니라는 것을 알고 있었고, 늦게 들어올 때마다 번번이 카지노에서 딴 돈이라며 얼마간의 돈을 쥐어주니 싫은 기색을 할 수도 없을 터였다. 그런데 따도 땄다 하고 잃어도 땄다 하며 돈을 갖다 주자니 여간 부담스러운 일이 아니었다. 실제로는 딴 날보다 잃은 날이 많았으니 카지노에서 잃고 아내에게 갖다 주느라 내 입장에서는 양쪽으로 출혈이 컸다.

그래서 생각해낸 방법이 아내를 카지노에 데리고 가는 일이었다. 공범을 만들어 두면 그 사람도 꼼짝 못할 거라는 생각에서였다. 나는 아내의 기분이 좋은 날을 골라 "당신도 한번 배워봐. 그냥 재미로 조금씩 하는 거니까 나쁜 일도 아니라고!" 하며 싫다는 사람을 굳이 카지노에 데리고 갔다. 거기에서 아내에게 룰렛이며 블랙잭 등을 가르쳤는데 신기하게도 아내는 돈을 한 번도 안 잃는 것이었다.

내가 기분에 따라 지르는 스타일이라면 아내는 조심스런 확률게임만 하는 쪽이었다. 곁에서 다른 사람들이 하는 것을 쭉 지켜보고 있다가 이쯤에서 배팅하면 되겠다 싶은 순간 두 배씩만 걸고 하니 잃을 일이 없었다. 반면에 나는 별 생각 없이 즐기는 쪽이라 따는 돈보다 잃는 게 많았다. 나는 내가 갖고 간 돈이 바닥이 나면 슬그머니 아내 뒤에 가서 서 있다 아내가 따서 쌓아놓은 돈 갖고 가곤 했다. 그랬더니 나중에는 아내가 아예 옆에 오지도 못하게 했다. "당신은 따면 딴 만큼 질러대니 백날 해봤자 돈을 딸 수가 없어요" 하며 눈을 흘겼다.

그렇게 한 1년쯤 시간이 지나자 카지노 때문에 싸우는 일이 잦아졌다. 아내는 그런 데 그만 다니고 시간 있으면 일찍 집에 들어와서 아이들하고 놀아주라고 성화고, 나는 또 나대로 쉽게 끊지를 못해서 몸이 근질거렸다. 결국은 카지노에 가도 홀에는 안 들어가고 그곳 사장이랑 식사하고 얘기만 나누다 돌아오기를 몇 주 하면서 점차 카지노에 발길을 끊었다.

그런데 지나서 생각해 보니 내가 참 미련한 짓을 했다 싶었다. 거기서 노는 동안에야 스릴도 있고 기대감도 있지만 도박장에는 돈 잃은 사람만 있고 딴 사람은 없다는 말처럼, 얻을 게 하나도 없는 게 바로 그런 곳이었다. 그때야 갑자기 아프리카까지 가서 아는 사람도 없고 퇴근 후에 딱히 할 일도 없어서 재미가 들렸지만 정신을 차린 뒤에는 그때 버린 돈이 그렇게 아까울 수가 없었다.

요즘 우리 아이들은 어떤 일로 재미를 찾는지 잘 모르겠다. 인생을 살다 보면 취미나 놀이는 반드시 필요하지만 그렇게 소모적인 일에 쓰는 돈은 단돈 천 원도 아깝다. 젊으면 젊은 대로, 나이가 들면 나이가 드는 대로 적절한 놀이거리를 찾아야 한다. 하지만 지금 하고 있는 놀이거리가 장기적으로 내게 도움이 되는지, 내 가족과 친구들을 행복하게 하는지 돌아볼 필요가 있다. 그 일이 가족을 힘들게 하거나 친구들의 비난을 산다면 내가 아무리 즐겁다 해도 분명 잘못된 것이다. 특히 그런 일에 돈을 쓰는 것은 돈 잃고 사람 잃고, 육체의 건강이건 정신의 건강이건 자신의 건강까지 해치는 일이다.

근검절약하고 저축하며 살라고 해서 써야 할 순간조차 지갑을 안 여는 것도 아니될 얘기지만 그렇게 버려지는 돈이 있다면 당장 바로잡아야 한다. 이런 누수는 시간이 갈수록 커져서, 마치 작은 구멍이 거대한 댐을 무너뜨리듯이 가정경제를 파탄으로 밀어 넣을 수 있다.

부모가 언제까지 자식을 지원해야 할까

한 방송 프로그램에서 대학생들을 대상으로 설문조사를 했다. '부모가 언제까지 자식을 지원해야 할까'를 묻는 설문이었다. 응답은 대학 졸업 시까지 62퍼센트, 직장을 잡을 때까지 13퍼센트, 첫 대학 등록금까지와 결혼할 때까지가 각각 6퍼센트를 차지했다.

이 설문을 보고 있으니 "너희들은 안 늙을 줄 아는가 보구나!" 하는 탄식이 절로 나왔다.

지난해 말 국회도서관에서 만든 자료를 보면 2012년 현재 자녀 한 명을 대학졸업 때까지 양육하는 데 총 2억7500만 원이 들고, 이 가운데 교육비가 차지하는 비중이 절반에 가까운 것으로 나타났다. 아이 하나 낳아서 대학 졸업시키려면 3억 원에 육박하는 돈이 필요하다는 얘기다.

　말이 쉬워서 3억이지, 월급쟁이가 착실하게 모아서 3억을 만들려면 도대체 얼마만큼의 시간이 걸리지 가늠도 안 설 정도다. 이러니 경기가 둔화되면서 출산율이 저조해지는 것을 탓할 수만도 없는 노릇이다. 실제로 자녀를 한 명만 낳고 더 이상 출산 계획이 없다는 30~40대 젊은 사람들에게 "왜 아이를 더 안 낳느냐"고 물으면 "누가 돈만 대주면 당연히 낳고 싶다"는 대답이 돌아올 때가 많다. 이런 얘기를 들을 때면 나도 한때 공직에 몸담고 있었고 또한 아버지 된 입장에서 미안한 생각이 들곤 한다.

　딸아이에게 얘기를 들으니, 아이를 낳으려면 임신을 준비하는 단계에서부터 비용이 발생하기 시작한다고 한다. 온갖 검사에 예방주사에 들어가는 비용도 만만치 않고 임신 뒤엔 또 정기검진과 이런저런 검사에 적지 않은 비용이 들어간다. 그렇게 해서 출산을 하고 나면 그만이냐 하면, 오히려 그 반대다. 이때부터는 들어가는 돈이 눈덩이처럼 커진다. 아이가 먹고 싸는 것도 돈, 입고 움직이는 것도 다 돈이다. 교육이 시작되면 이때부터는 기하급수적으로 지출이 늘어난다. 들어오는 돈이 눈덩이 붙듯 불어나도 시원찮을 판에 써야 할 돈만 점점 많아지니 부담스러운 것이 당연한 일인 성싶다.

　우리들 클 때야 임신을 해도 병원 한 번 안 가고 논일, 밭일 다 하면서 집에서 출산을 했다. 그러고 나면 집안 식구들이 어떻게든 아이를 거두고, 키우고, 농사지어서 서로 나눠 먹고 살았으니 '인력이 국력'이라는 말도 빈말은 아니었다. 하지만 지금은 모든 과정이 비용이다. 돈 없으면 아이도 못 낳는다는 말은 이미 우리의 가슴 아픈 현실이 되어버렸다.

나만 해도 아이들 결혼할 때까지 뒷바라지를 했다. 그런데 지금 50대 초중반의 아버지들만 해도 '대학 입학금만 해주면 그 뒤에는 저 알아서 해야 한다'는 생각을 갖고 있는 사람이 많은 것에 깜짝 놀랐다. 워낙 학자금 융자가 잘 되어 있다 보니 저희들 학비는 저희들이 벌어서 갚으라는 것이다. 물론 학자금 융자 덕에 아이들이 사회에 나오기도 전부터 빚쟁이가 된다는 비난여론도 있다. 반값등록금 관련 논의도 끊이지 않고 있다. 하지만 이제는 가난해서 대학 못 간다는 말은 사라졌으니 그것만은 다행스러운 일이다.

어쨌거나 나는 아이들이 독립심과 주인의식을 갖고 제 앞날을 스스로 개척해 나가게 하겠다는 후배들의 생각이 참 대견하다. 전에는 가난하면 대학은 언감생심 꿈도 꿀 수 없었지만 요즘은 자기 의지만 분명하면 어떻게든 공부를 계속할 수 있는 시스템이 갖추어져 있다. 그러니 부모 지갑이 꺼내면 꺼내는 대로 들어차는 화수분도 아니고, 말만 하면 언제든 척척 돈을 내줄 수 있는 것도 아니라는 사실을 일찌감치 알게 해야 한다.

그렇게 일찍이 돈에 대한 부담도 느껴보고 돈의 가치도 느껴봐야 아이들에게 경제관념이 생기게 된다. 빚을 내서라도 자식들이 원하는 건 다 해주고 공부에 필요하다면 뭐든 해주는 사랑은 대부분 좋은 결과로 이어지지 못한다. 무리해서 조기유학을 보낸 가정의 아이들이 마음을 붙이지 못하고 외국에서 비행을 저질렀다는 소식이 전해올 때면 도대체 무엇을 위한 조기유학인가 싶을 때가 한두 번이 아니다.

행정고시학원을 운영하는 사람의 말을 들으니, 요즘은 대학을 졸업한 20대 중반의 젊은이가 공무원시험을 준비하기 위해 학원에 수강등록을 할 때도 부모가 먼저 상담을 온다고 한다. 그 학원장 얘기가 "자식을 부족하게 키운 것도 아니고, 애가 열다섯 살도 아니고……" 한다. 참 어이없는 일이다. 내가 "부모가 대학 입학원서를 접수하러 온다는 얘기는 들었어도 그런 얘기는 처음 듣는다" 했더니 "그것뿐이면 말도 안 합니다. 입사원서도 부모가 접수하고 면접날도 부모 대동하고 나타나는 사람이 적지 않다고 합니다. 심지어는 직장에 다닐 때도 갑자기 아파서 결근을 하게 되면 부모가 전화해서 '우리 애가 아파서 오늘 출근 못해요' 한답니다" 하며 한술 더 뜬다. 이런 부모가 앞에 있으면 도대체 무슨 생각으로 자식을 키우고 있는 건지 묻고 싶을 정도다.

요즘 아이들이 우리 때보다 정신적으로 더 어린 것은 사실이다. 형제가 적으니 어릴 때부터 부모의 적극적인 관심과 과보호 속에 자라게 되고 학교와 학원을 오가며 공부를 한 것밖에는 아무것도 해본 일이 없으니 세상을 몰라도 너무 모른다. 물론 우리 자랄 때처럼 학교 갔다 오면 바로 소 풀 뜯기러 나가고 농사일 돕게 하는 식의 교육을 기대하는 것은 아니다. 시대가 달라졌으니 요즘 아이들은 요즘 식으로 키울 수밖에 없을 것이다.

그렇다고 해서 아이들을 '너는 공부만 해라, 나머지는 다 부모가 해준다'는 식으로 뒷바라지해서는 안 된다. 이는 자녀교육에 최선을 다하고 있다는 부모의 자기만족이며 착각일 뿐이다. 이렇게 제 손으로는 아무것도 못하는 아이들이 커서 우리나라를 짊어질 것이라고 생각해 보라. 회사에서 중요한 선택을 할 때도 누군가 대신 해주기를 바라고, 힘든 일이 생길 때마다 부모를 찾고, 뭔가 뜻대로 안 되는 일이 있으면 다른 사람부터 원망하려 들 것이다.

자식들에게 낚시질 하는 법을 가르쳐주었으면 됐다. 자식이 낚시질을 힘들어 한다고 해서 고기까지 잡아주기 시작하면 이 자식은 부모가 늙어 죽을 때까지 고기를 잡아주기를 바라게 된다. 하지만 그런 일은 불가능하다. 부모가 언제까지 자식을 업고 갈 수 있겠는가. 부모는 갈수록 다리에 힘이 빠지고 자식은 날이 갈수록 무거워진다. 자식에게 고기를 잡아주는 일이 결국은 스스로 자신의 짐을 늘리는 일로 귀결되는 것은 자명한 일이다. 지금 당장 걱정스럽고 안타깝더라도 자식이 힘들다고 손을 내밀지라도, 낚시질 하는 법을 다시 한 번 되새겨주는 것으로 끝내야 한다. 자식에게 퍼붓느라 자신의 노후를 준비하지 못하면 나중에는 분명 자식에게 원망과 비난을 듣게 될 것이다.

죽기 전에
폼 나게 돈 쓰는 법

갈수록 CSR Corporate Social Responsibility이니 사회적 기업이니 해서 기업의 사회적 책임이 경영 화두로 떠오르고 있다. 우리가 전에 얘기하던 노블레스 오블리주noblesse oblige의 새로운 형태라 할 수 있다. 조금 더 가진 사람은 조금 덜 가진 사람을 돕고 사는 것이 당연한 일이다. 그것은 사회적 책임이며 우리의 전통적인 도덕률이기도 하다.

이는 비단 기업에만 해당되는 얘기가 아니다. 개인도 자기보다 어려운 이웃을 위해 양보와 배려를 실천해야 한다.

심리학자 에릭 에릭슨Eric Erikson은 인생의 마지막 단계에서 타인과 후세를 위한 생식성generativity을 중요한 과제로 인식했다. 에릭슨

이 언급한 생식성이란 과거 현역 시절에 축적한 능력과 지혜를 다음 세대를 위해 최대한 활용해야 한다는 의미다. 즉 우리가 세상을 떠난 뒤에도 우리의 생식적인 노력 덕분에 우리 후세가 계속 살아가면서 번영할 수 있는 것이다.

그 의미를 좁혀 돈에 대한 생각을 해보자. 예전에는 사람이 죽어서 염을 할 때 엽전 한 닢 입속에 넣어줬다. 저승길 갈 때 노잣돈 하라는 뜻이었다. 아무리 부자라 해도 그 이상은 갖고 갈 수 없다.

나는 지금까지 한 번도 상속을 생각해 본 적이 없다. 내가 먼저 세상을 떠나면 아내가 생활할 수 있는 기반을 남겨줘야겠지만 아내마저 떠난 뒤에는 모든 것을 사회에 돌려주도록 준비해놓을 생각이다. 무슨 큰 뜻이 있어서 그런 것도 아니고, 그렇게 큰돈도 아니겠지만 어차피 가지고 갈 수 없는 것, 돌려주고 가려는 것뿐이다.

이런 생각을 처음으로 입 밖으로 꺼냈을 때 아내는 반대의 뜻을 비쳤다. 하지만 내 뜻은 확고했다. 내가 가진 것을 남겨주면 자식들이 조금이라도 편히 살겠거니 하는 부모의 마음이 왜 나라고 없겠는가. 하지만 내가 낚시질 하는 법을 가르쳐줬으면 됐지, 더 이상 뭘 해줘야 하냐며 역정을 내자 아내는 이내 수그러들었다. 게다가 부모가 뭔가 남겨줄 것이라고 기대하는 심리가 생기면 아이들에게 득이 될 게 없다는 것이 내 생각이다.

지금은 아내도 내 뜻을 십분 이해하고 공감하고 있다. 아이들에게도 이미 얘기를 해두어서 바라는 녀석도 없을 것이다. 속으로야 서운

할지도 모르겠지만 내 앞에서는 한 번도 내색한 일 없으니 그것만으로도 고맙다.

우리는 남은 인생을 시골에서 보내려고 한다. 아내가 평생 생활비를 아껴서 모은 돈으로 자그마한 땅을 마련했는데, 거기다 작은 집을 짓고 여생을 보낼 생각이다. 그 땅을 살 때도 아내는 내게 한소리 된통 들었더랬다. 내가 "공무원이 내 집 있으면 됐지, 무슨 땅이냐!"며 버럭 소리를 질러댄 것이다. 아내는 아무 말 없이 듣기만 했다. 그러더니 나중에야 "나쁜 짓을 해서 모은 돈도 아니고 안 입고 안 먹고 모은 돈으로, 늘그막에 자연 가까이 살고 싶은 마음에 작은 시골집 하나 꿈꾸는 게 그렇게 잘못됐어요?" 하며 탓하는 소리를 했다. 하기는 아내가 워낙 알뜰살뜰 살림을 해서 그나마 남은 것이지 싶어 그때는 나도 입을 다물고 말았다.

하지만 그것까지도 우리는 욕심내지 않기로 했다. 우리 두 사람 모두 떠나고 나면 남은 것 모두 털어서 주변의 무의탁 노인들이 한데 모여 서로 의지하며 기거할 만한 집이라도 한 칸 만들어주고 싶다. 그것이 내가 나라의 녹을 먹으며 아이들을 키우고, 연금을 받으며 큰 걱정 없이 살다 가는 데 대한 보답이 아닐까 싶은 생각에서다.

아이들도 지금은 어떨지 모르지만 나중에는 분명 이런 생각을 받아들이고 거기서 배우는 것이 있을 것이다.

나누는 것은 가득 차고 넘칠 때 하는 것이 아니다. 내가 가진 것을 줄이고 비우는 데서 시작된다. 그리고 일단 시작하고 나면 그 안에 깃

들어 있는 참된 기쁨을 알게 된다. 돈 많은 사람들이 세금 줄여보려 벌이는 형식적인 CSR 활동이 아니라 진심으로 어려운 이웃을 걱정하고 돌아보는 마음가짐이라면 분명 받는 사람보다 베푸는 사람이 더 풍요로워지는 것이 나눔이다.

나는 우리 아이들에게도 작은 것이라도 이웃과 나누며 살라고 조언한다. 일찍이 이런 기회를 만들고 아이들도 참여하게 하면 교육적 효과가 크다. 조금이라도 가진 것이 있으면 이웃과 나누는 것이 당연한 일로 알고 자란 아이들은 부모나 어른을 공경할 줄 아는 사람으로 성장할 것이다. 그러니 지금 남을 돕는 것이 미래의 나를 돕는 것이다.

풍족한 노후를 위한 은퇴준비 4단계

경제적으로 풍요로운 노후는 준비된 사람만이 누릴 수 있다. 개인별, 연령별, 성별 등에 따라 준비하는 세부적인 방법에 차이가 있을 뿐 은퇴준비의 기본 원칙은 동일하다. 이러한 원칙은 크게 4단계로 나눌 수 있다.

1단계 | 은퇴 후 필요한 자금 계산해 보기

내 노후를 위해 구체적으로 얼마가 필요할지 따져보는 일은 은퇴준비에서 매우 중요하다. 은퇴 후 생활비의 쓰임은 기본적인 월 생활비, 의료비, 장기요양비, 취미생활비 등 크게 네 가지로 나눌 수 있다. 은퇴 이전 생활비와 비교해서 은퇴 후 생활비 비율을 설정하는 것에서부터 예상치 못한 질병이나 상해에 따른 의료비 및 장기요양비, 최소한의 여가생활 및 품위유지비(경조금 등)에 이르기까지 물가상승 등 여러 상황 변화를 감안해 계산해 보아야 한다.

2단계 | 준비한 노후자산 확인해 보기

이 단계에서 가장 먼저 할 일은 국민연금, 퇴직금(퇴직연금), 개인연금 등 수령할 수 있는 연금액을 점검해 보는 것이다. 여기에 보유 부동산 등 은퇴 시 최종 확보할 수 있는 자산을 종합해서 예측해야 한다. 매월 월급처럼 꼬박꼬박 지급받는 연금은 노후생활을 계획적이고 안정적으로 유지하기 위해 필수적이다. 현재 살고 있는 거주용 부동산은 일단 은퇴준비 자산으로 계산하지 않는 것이 바람직하다. 은퇴 이후에도 본인과 배우자가 지속적으로 살아야 할 거주공간이기 때문이다. 다만 충분한 은퇴준비 자산이 확보되지 않았다면 향후 규모가 작은 집으로 이사하는 다운사이징이나 주택연금을 통해 은퇴용 자산으로 활용할 수 있다.

3단계 | 금융상품 가입을 통한 빈 곳 채워 넣기

1단계와 2단계를 통해 파악한 필요자금과 준비자금을 비교하면 부족한 자금의 규모를 계산할 수 있다. 이후 자신의 연령대 등을 감안해 부족분을 메우기 위한 자금 마련 전략을 수립한다. 이때 필요한 지식과 정보를 충분히 수집해야 하며, 금융상품에 가입하거나 부동산을 매각하는 경우에는 가능한 한 전문가의 도움을 받는 것이 좋다.

4단계 | 점검 및 재조정하기

전략을 수립하는 3단계에서 아무리 신중하게 결정했다 하더라도 상황은 언제나 변하게 마련이다. 물가상승이나 금융시장의 변화 등은 전문가도 정확히 진단하기 어렵다. 따라서 은퇴 시점에 도달할 때까지 일정 기간마다 정기적인 점검을 통해 준비자금의 수준과 부족분을 확인하고, 차이가 있다면 재조정해야 한다.

연령대별 노후준비 원칙

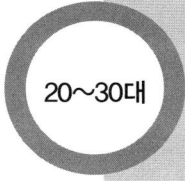

20~30대
- 결혼자금과 주택자금을 위한 저축 수단 마련
- 소비를 최소화해 소액이라도 지금 당장 시작
- 목적에 따라 통장을 구분해 활용(소비용, 투자용, 긴급자금용)

40~50대
- 3종 연금을 통한 노후자금 확인
- 부족한 부분은 연금 추가 가입으로 보완
- 부부, 특히 아내의 관점에서 준비
- 자녀 중심의 사고방식에서 탈피

60대 이상
- 부동산 줄이고 금융자산 늘리기
- 금융자산의 70%는 안전상품에 투자
- 자산이 아닌 월급 형태의 소득 고려
- 예상치 못한 질병과 상해에 대비

자료제공 : 삼성생명 은퇴연구소

노화와 더불어 찾아오는 질병과 신체기능 저하는
막을 도리가 없다. 세월 앞에 장사 없다고,
사람은 누구나 늙고 병들고 죽는다.
생로병사는 우리가 태어나는 순간 예정된 숙명이다.
하지만 관리를 잘 하면 건강과 젊음을 보다 오래 지속할 수는 있다.
대부분의 사람이 '장수'를 꿈꾸지만 거기에는
'무병'이라는 전제가 붙는다. 의학의 발달로 수명은
100세에 다가서고 있지만 그것이 단순한 연명이라면
장수는 축복이 아니라 재앙일 뿐이다.

part
3

건강 없는 100세 시대는
재앙이다

천천히
그러나 분명히 다가오는 것

　늙음은 이별을 시작하는 것이다. 사랑하는 아내와의 이별, 눈에 넣어도 안 아플 것 같은 자식들과의 이별, 이 세상 모든 것들과의 이별이다. 하지만 서둘러 죽음을 준비할 필요는 없다. 셰익스피어의 말처럼 죽음보다 확실한 것은 없으니 말이다. 인류 역사상 어떤 예외도 없이 공평하게 다가온 죽음을 일부러 맞으러 갈 필요는 없다. 우리는 반드시 죽어야 하는 운명을 타고났지만 죽기 위해 태어난 것이 아니라 살기 위해 태어났기 때문이다.

　하지만 나이가 들면 죽음에 대해 생각하는 시간이 점점 많아진다. 친구들이 하나둘 병들고 고통받고, 그러다 떠나고……. 친구들 장례식 한 번씩 다녀올 때마다 무릎에 힘이 빠지는 것은 어쩔 수가 없다.

40~50대 때 친구들 부모님 장례식장은 그나마 다닐 만했다. 나이 들어 노환으로 떠나시건 오랜 병고 끝에 떠나시건 그렇게 애통한 줄도 잘 몰랐고, 사람은 누구나 죽는 것이려니 했다. 오히려 그런 일이 있을 때마다 오랜만에 친구들을 만나게 되니 반갑기도 했고, 운구라도 하게 되면 당연히 해야 할 일로 여기고 나서기도 했다.

하지만 나이 들어 친구가 떠나는 일은 정말로 내 일만 같아 서럽고, 그 상한 마음의 파장이 여러 날을 간다. 이제 나도 얼마 안 남았구나 하는 생각이 드는 것이다. 게다가 요즘은 영정사진을 왜 다들 그렇게 환하게 웃는 모습으로 만들어 놓는지, 생전의 모습 그대로 활짝 웃고 있는 모습을 보면 삶이 더욱더 무상하게 느껴지면서 안타까운 마음이 사무친다. '저 친구 저렇게 웃을 때는 참 호탕하고 좋았는데……' 하는 생각이 드는 것이다.

그럴 때면 옛날 시골 노인들에게 들었던 이야기가 떠오른다. 요즘에야 60대는 노인정에 가면 젊은이 취급 받으며 심부름이나 한다지만 옛날 시골에서는 환갑이 넘으면 늙은이 중에서도 상늙은이에 속했다. 그래서 나이 60이 넘으면 남의 상가에 문상을 가지 않는 것이라고 했다. 이제 내가 70을 바라보는 나이가 되니 그 뜻을 알 것 같다.

사실 우리 집에서는 내가 순번을 받아놓은 셈이나 다름없다. 어머니는 내가 50대일 때 돌아가셨고, 아버지는 3년 전에, 형님은 이미 10년 전에 교통사고로 돌아가셨으니 우리 집에서는 나이가 가장 많은 게 나다. 세상에 올 때는 나이순으로 오지만 돌아갈 때는 나이순으로 가는 게 아니니 누가 장담하겠는가. 하지만 나이가 들수록 죽음에 대한 생각이 깊어지는 것은 어쩔 수가 없다.

요즘은 40대 사망률이 만만치 않다고 한다. 특히 우리나라는 40대 사망률이 세계에서 가장 높고, 그중에서도 남성의 사망률이 유방암과 자궁암을 제외한 모든 질환과 사고에서 여성보다 2~5배 이상 높다고 한다.

40대 남성의 가장 큰 사망 원인은 간질환이다. 음주와 스트레스가 간 건강에 미치는 영향을 생각할 때 가정의 생계를 책임지는 가장이 받는 스트레스의 심각성을 짐작해볼 수 있다. 특히 스트레스는 면역력을 저하시키기 때문에 그렇지 않아도 생리적으로 면역력이 급감하는 40대의 생체리듬을 와해시켜 버린다. 그 외에 노인들에게 흔히 나타나는 뇌혈관질환도 높은 비율로 나타나고 있다. 여기에는 불규칙한 생활습관과 고 칼로리 식사, 음주, 흡연, 고지혈증, 고혈압 등이 직접적인 영향으로 작용한다.

아직 젊다고 건강을 과신해서는 절대 안 된다. 젊어서부터 바른 생활습관과 식습관을 실천해야 체내 면역력을 강화해서 노년을 건강하게 맞이할 수 있다.

나도 큰아들의 나이가 마흔이 넘으니 그 아이의 건강이 염려스러울 때가 있다. 게다가 가까이 있는 것도 아니고 중국에서 살다 보니 기름진 음식을 너무 많이 먹으면 어쩌나 하는 기우도 생긴다. 며느리가 알아서 잘 하겠거니 싶으면서도 채식 위주의 식생활과 금연, 금주 등을 실천하고 꾸준히 운동을 하라고 만날 때마다 잔소리를 늘어놓곤 한다. 그러고 보면 노인도 아무나 될 수 있는 게 아니다. 건강하게 살아남아야 나이도 들고 노인도 될 수 있는 법이다.

설악산에 50번만
더 오게 해주십시오

나는 생일 때마다 설악산 대청봉에 오른다. 20년 전부터 등산을 시작해서 종종 설악산을 찾곤 했는데, 환갑 때 대청봉에 올랐을 때는 감회가 다른 때와는 좀 달랐다. 육십갑자를 살았으니 앞으로 또 얼마나 살게 될지 생각하지 않을 수 없었다.

그날 나는 마음속으로 소원을 빌었다. '80세까지, 설악산 대청봉을 50번 더 오르게 해달라'는 것이었다. 70세까지 10년간은 1년에 세 번, 70세 이후 10년간은 1년에 두 번을 가야 50번을 채우게 된다. 하지만 회수로 50번을 채우는 것이 문제가 아니라 80세가 된 해에도 대청봉을 두 번 오를 수 있는 건강을 유지하고 있어야 가능한 일이다.

내가 이 소원을 빈 것은 등산에 대한 욕심에서가 아니라 그런 건강과 체력만 있다면 늙는 것이 서럽지만은 않을 것이라는 생각에서였다. 실제로 나는 벌써 10년째 꾸준히 설악산은 물론, 백두대간 종주를 하고 있다.

그런데 환갑 되던 해와 지금은 몸이 많이 달라졌다. 지난겨울에는 백두대간 14코스를 다녀왔는데, 제대로 자지도, 먹지도 못한 채 허벅지까지 빠지는 눈길을 12시간 넘게 걸으며 어찌나 애를 썼는지 콧속이 다 헐어서 여러 날을 고생해야 했다. 산행 중에도 너무 힘이 들어 '이 힘든 일을 왜 하고 있나' 하는 생각이 절로 들었다. 체력이 예전 같지 않다는 소리다.

나는 건강은 타고난 편인 것 같다. 또 필요한 때면 정기검진을 통해 적절한 관리도 받고 있다. 그러니 아직까지는 큰 걱정이 없다. 하지만 이렇게 몸이 예전 같지 않다는 느낌을 받을 때면 은근히 걱정이 되는 것을 어쩔 수가 없다.

건강을 유지하기 위해서는 의지가 있어야 한다. 나는 젊어서는 수석 채집을 하며 전국의 강가를 누비며 걸었고, 1995년에 등산을 시작하면서는 엘리베이터 안 타고 계단 오르내리는 것이 습관이 되었다. 걷는 것만큼 좋은 운동이 없는 줄을 아는 까닭이다. 걷기의 중요성을 강조하는 의사들은 걷기야말로 모든 병의 치유에 효과적인 운동법이라고 입을 모은다.

하지만 우리 아이들만 해도 10분 거리만 돼도 자동차 열쇠부터 찾고, 엘리베이터나 에스컬레이터 안 타면 큰일 나는 줄 안다. 그러면서도 운동이 필요하다고 일부러 헬스클럽에 다니며 운동을 한다. 그런데 나는 헬스클럽이 참 싫다. 밀폐된 공간에서 몇 시간씩 유산소운동을 하는 게 도무지 이해가 안 되는 까닭이다. 아무리 공기가 오염됐다고 해도 밀폐된 공간만 할까. 어쨌거나 밖에 나가서 햇빛을 받으며 걷고, 시원한 공기 마시는 편이 건강에는 훨씬 이롭다.

밖에서 햇빛을 받으며 걷는 것은 비타민 D 합성에도 유리하다. 현대 도시인들은 절대적인 일조량 부족에 시달리고 있다고 한다. 점심식사 후 햇빛이 가장 강렬한 시간에 잠깐이라도 걸어주면 면역력 강화에는 이만한 명약이 없다. 햇빛과 바람을 맞으며 걷기만 해도 나이 들어 병원 가는 회수가 한결 줄어들 것이다.

명품인생을 사는 데
필요한 식생법

옛날에는 못 먹어서 병이었는데, 요즘은 너무 잘 먹어서 병이라고 들 한다. 너무 기름진 식사를, 그것도 너무 많이 먹는 것이다. 기름진 음식이나 과식은 모든 병을 부르는 근원이다. 기름진 음식은 피를 탁하게 하고 몸속에 염증반응을 불러일으켜 만병을 부른다. 염증은 거의 모든 병의 원인으로 알려져 있다. 암도 염증에서 시작된다고 하니 그 무서움은 달리 말할 필요도 없을 성싶다.

또한 과식은 비만과 당뇨, 고혈압 등 나이 들면서 누구나 갖게 되는 질병의 원인이다. 하지만 당뇨나 고혈압이 나이 들면 당연히 생긴다는 생각 역시 편견이다. 나이 들어서도 건강관리를 잘 하면 지긋지긋한 고혈압 약이나 당뇨 약을 안 먹어도 된다.

음식은 우리 몸에 가장 직접적인 영향을 미치는 요인이다. 흔히 하는 말처럼 몸속에 들어가 '피가 되고 살이 되는' 것이 음식이기 때문이다. 때문에 평소 잘 먹고, 잘 자고, 잘 싸면 건강은 걱정할 것이 없다. 몸에 안 좋은 음식을 너무 많이 먹어서 탈, 잠을 제대로 못 자서 전반적인 신체 기능이 떨어져서 탈, 먹은 것을 제때 제대로 내놓지 못하면 그게 탈이다.

나는 아이들에게 먹는 것 하나만은 엄하게 다스리라고 말하곤 한다. 특히 단것과 짠 음식은 식욕을 돋워서 과식을 하게 한다. 또한 불필요한 영양소를 몸에 쌓게 만들어 비만을 유발하고, 수분 배출을 가로막아 순환을 나쁘게 한다.

나는 음식은 되도록 싱겁게, 달지 않게, 담백하게 먹는다. 반찬도 필요 이상으로 여러 가지를 식탁에 올리는 것을 싫어한다. 음식을 많이 차려놓고 먹으면 식사량 조절에 실패하기 쉽고 또 음식을 제 때 다 못 먹어서 버리면 그 또한 낭비다. 값비싼 음식을 많이 먹고 사는 것이 잘 사는 것이 아니다. 아무리 돈이 많아도 하루 세끼 먹는 것은 똑같다. 음식은 항상 조금 부족한 듯하게, 조금 거칠게 먹는 것이 좋다. 또한 고기보다는 채소를 많이 먹고, 밀가루 섭취도 줄이려고 노력한다. 이렇게 하는 것만으로도 몸에 필요 없는 군살이 빠지고 비타민과 미네랄 같은 필수영양소가 보충되어 기름진 보양식을 먹는 것보다 한결 건강하고 활력 넘치게 살 수 있다.

최근에 일 때문에 만난 40대 여성은 몸이 피로하거나 지쳐서 영양

보충이 필요하다고 느껴질 때면 다른 사람들처럼 삼계탕이나 장어 같은 보양식을 찾는 게 아니라 샐러드를 먹으로 간다고 한다. 그 얘기를 들으니 나도 젊었을 때 좀 더 그렇게 해볼걸 하는 생각이 들었다. 그녀의 이야기를 빌자면 우리가 일상적으로 먹는 채소의 양은 필요한 양에 비해 턱없이 부족하다고 한다. 지금 우리가 먹고 있는 채소는 우리가 성장기에 먹던 푸성귀와 달리 농약과 비료로 키운다. 그렇기 때문에 영양배합이 예전과는 완전히 다르다는 것이다. 그래서 하루 동안 필요한 미세영양소를 모두 섭취하려면 끼니때마다 생채소를 한 움큼씩 먹어야 한다는 설명이다.

   직장인들은 대부분 아침은 거르고 점심은 김치찌개나 짜장면 같은 짠 음식을 먹고 저녁에는 삼겹살에 소주 같은 술안주 등으로 식사를 대신한다. 가장 안 좋은 것들만 골라서 먹는 셈이다. 밖에서 먹는 음식이라고 다 문제가 있는 것은 아니지만 대부분의 식당 음식에는 소금과 화학조미료가 너무 많이 들어간다. 짜고 단 음식은 중독성이 있어서 하루 이틀 안 먹으면 먹고 싶은 생각이 들게 만든다. 그게 식당 음식의 특징이다. 이렇게 무심결에 먹는 사이에 나트륨 섭취가 너무 많아져 건강을 위협한다.

   직장생활을 하다 보면 점심시간마다 번번이 좋은 식당을 찾아서 움직이기가 어렵다. 그러다 보니 날마다 익숙한 식당 음식을 먹을 수밖에 없다. 하지만 알고 먹는 것과 모르고 먹는 것에는 분명 차이가 있다. 조금이라도 좋은 음식을 가려서 소식을 하겠다는 생각으로 메뉴

선정에 신경을 쓰면 보다 건강하게 지낼 수 있다. 특히 40대 남성 직장인들은 과도한 염분 섭취가 매우 위험할 수 있으므로 항상 싱겁게 먹기 위해 노력하는 것이 좋다.

늘그막의 작은 병은
신의 선물이다

나는 7년 전부터 혈압과 당뇨를 관리하느라 약을 먹고 있다. 그나마도 없었으면 좋았으련만 이미 늦었으니 어쩔 수 없는 일이고, 이제는 혈당과 고혈압 정도는 항상 건강에 유의하라는 신호로 받아들이며 살고 있다. 옛말에 '시름시름'이 오래 산다고 했다. 작은 병이 있어서 꾸준히 관리하면 오히려 오래 살 수 있다는 얘기다.

내가 걷기 시작한 것도 어느덧 20년이 다 되어간다. 1991년 국장 때 주 중국 대사관에 상무참사관으로 나갔다 1995년 초에 돌아왔는데, 당시 아내의 건강이 너무 안 좋았다. 아내는 큰 병이 있는 것은 아니었지만 젊어서부터 몸이 워낙 약해서 '걸어 다니는 종합병원'이라고 할 정도였다. 이때는 심장이 너무 약해져 있어서 달리 손쓰기도 어렵다며 '산에 가면 살겠다' 하는 게 아닌가. 중국 대사관 근무 시절 우리는 아파트 21층에 살았는데, 그 또한 아내에게는 독이 되었을 것이라고 했다. 산에 가서 맑은 공기 마시며 운동하는 것이 가장 좋은 약이라니 병원에 다니는 마음으로 산에 다녀보기로 했다.

사실 나만 해도 운동의 중요성을 잘 못 느끼고 살았다. 당시 내 나이 아직 40대였고, 특별히 아프거나 불편한 곳이 없었기 때문이다. 하지만 어쩌겠는가. 안 그러면 아내가 오래 못 살겠다고 하니 어쩔 수가 없었다. 그래서 걷기 시작한 것이 집에서 가까운 남한산성이었다. 걸을 때마다 조금씩 시간을 늘리고, 강도를 높여간 것이 결국에는 남한산성을 꼭대기까지 네 번이나 올라갔다.

나는 원래 등산보다는 탐석을 좋아하는 '계곡파'였다. 계곡이나 강가에서 돌이나 구경하다 산에 올라가는 사람들을 보면 "야, 내려올 것 뭐 하러 굳이 올라가냐? 그냥 밑에서 편하게 놀다 가자!" 하며 웃곤 했다. 그런데 그렇게 걷고 산에 오르는 동안 전에 몰랐던 산의 매력을 느끼게 되었다. 어쨌거나 걷기와 등산 덕분이었는지 아내는 건강을 되찾아 그 뒤로 20년째 건강하게 살고 있다.

주변 사람들의 이야기를 들어보면 항상 건강을 자신하던 사람이 갑자기 세상을 뜨는 일이 많은 것 같다. 건강은 신경 쓰일 정도의 뭔가가 하나 있으면 더욱 조심하게 된다. 그래서 늘그막의 작은 병은 오히려 신의 선물이라고 하는가 보다.

평소 생활습관도 중요하다. 나는 술, 담배를 모두 멀리하고 수면시간을 규칙적으로 관리하기 위해 애쓴다. 밤 10시면 잠자리에 들고, 어렵지 않게 잠이 드는 편이다. 그러고 나서 아침에 7시쯤 일어나는데, 눈을 뜨면 이불 속에 누운 채 한 30분쯤 이런저런 생각을 하며 잠에 취해 있는 몸의 구석구석을 깨운다. 그러다 정신이 맑아지면 스트레칭을 하고 일어나 찬물을 한 잔 마시고 환기를 시킨다.

아침 공복에 마시는 찬물 한 잔은 대장 운동을 활발하게 해서 변비를 예방해 주고, 환기는 밤새 방안에 쌓인 이산화탄소를 깨끗한 산소로 바꿔주는 역할을 한다. 환기는 간과하기 쉽지만 정말 중요한 건강 요소 중 하나다. 문을 꼭꼭 닫고 있으면 실내공기는 금세 탁해진다. 그래서 적어도 하루 두 번 정도는 20~30분씩 환기를 시켜주는 것이 좋다. 특히 겨울철에는 환기를 게을리 하기 쉬운데, 아침에 일어난 직후 음식을 먹고 난 뒤에 환기시키는 것을 원칙으로 정해두면 좋다.

나는 이런 사소한 생활습관을 벌써 수십 년째 고수하고 있다. 작아도 꾸준히 유지하는 건강습관이 몸에 활력을 불어넣고 삶을 생기 있게 만드는 것 같다.

몸의 병,
아는 것이 병일까?

아내는 올해로 66세가 되었다. 작년에 지하철 시니어카드를 받았다며 자랑스럽게 내보이던 날이 떠오른다. 여자들 중에는 시니어카드를 사용하는 것을 창피하게 여겨 안 쓰는 사람도 있다고 한다. 아직 마음은 이팔청춘인데, 할머니로 보이기 싫다는 것이다. 하지만 아내는 그 카드를 받던 날 그렇게 좋아할 수가 없었다. 그도 그럴 것이 젊어서부터 내가 "제발 환갑 때까지만 살아줘" 하고 입버릇처럼 말하곤 했을 만큼 건강이 안 좋았기 때문이다. 그러다 차츰 건강이 좋아져서 환갑을 넘기고 나니 이번에는 "65세까지만, 법적으로 노인이 될 때까지만 살아주면 좋겠구먼!" 했더니 그것도 무사히 잘 넘겼다. 그랬더니 이제는 건강에 자신이 좀 붙은 모양이다.

그러면서 하는 말이 "하루를 더 살아도 당신보다 더 살 거예요. 그게 내 소원이에요" 한다. 자기가 먼저 떠난 뒤에 나 혼자 남겨두기 싫다는 것이다. 그 말에 나는 참 반성을 많이 했다. 내가 다른 집 남자들처럼 다정하기를 하나, 입에 발린 소리를 할 줄을 아나, 달달이 돈을 척척 갖다 안기기를 하나……. 천성이 뻣뻣해서 평생 마음고생만 시켰는데, 나를 이렇게 생각해 주는구나 싶으니 참으로 감사한 일이다.

하긴 길 가던 사람 누구를 붙들고 물어봐도 남자보다 여자가 오래 사는 편이 낫다고들 한다. '홀아비는 이가 서 말, 과부는 은이 서 말'이라는 말처럼, 남자들은 혼자 살면 며칠 안 가서 구질구질해지고 만다. 음식이며 빨래며 집안일을 해본 적이 없으니 여자가 없으면 이내 생활이 엉망이 되고 만다. 반면에 혼자 사는 여자들은 신경 써서 챙겨야 할 사람이 없으니 오히려 편하고 좋다고 한다. 살림도 오히려 규모 있고 깔끔하게 해서 전보다 더 잘 산다는 것이다.

우리 부부도 딱 그런 케이스다. 남편이라고 있어도 평생 집안일을 돌본 적이 없으니 아내가 생각하기에 '저 사람 혼자 남으면 어쩌나' 하는 생각이 드는 것일 게다.

그러면서도 아내는 종합건강검진을 받으라고 하면 고개를 설레설레 흔들고 만다. "됐어요. 설혹 어디 문제가 있다고 해도 이제 와서 알면 뭐 하겠어요?" 하며 손사래를 친다. 모르고 살면 마음이라도 편할 것을, 뭐라도 나올까봐 무서운 모양이다.

나도 스스로 건강검진을 받아본 적은 없다. 회사에서 정기적으로

하게 하니 어쩔 수 없이 받는 편이다. 특히 나이가 들면서는 더 하기가 싫다. 아내가 건강검진을 거부하는 것과 비슷한 심정이다.

나는 가장 좋은 것은 자연 상태로 살다가 가는 것이라고 생각한다. 뭔가 찾아오면 그걸 받아들여 보듬고 살아야지, 무리하게 수술을 하고 생명 연장에 연연하는 것은 무의미하게 느껴진다. 모든 게 업보라고 생각하면 크게 애통할 일도 없다. 내가 이런 얘기를 하면 아내는 "당신도 나 따라 절에 다니더니 도가 텄나 보네요" 하며 웃는다.

늘그막에 하는 종합건강검진이 좋기만 한 것도 아닌 것이, 어딘가 문제가 있다는 걸 아는 순간 죽음이 턱밑에 와 있는 것 같은 느낌이 든다. 실제로 정신적인 쇼크는 사람을 죽이기도 한다. 가뜩이나 죽음이 문밖에 와 있다고 느끼는 노인들에게 중병 선고는 바로 사형 선고나 다름없는 것이다. 이때는 이미 치료를 해도 효과를 보기 어렵고, 치료를 하다 지쳐서 지레 가는 경우가 오히려 많다.

지인 중 하나는 멀쩡히 잘 살다 나이 일흔에 갑자기 암 선고를 받고 수술을 받았는데, 결국 수술후유증을 회복하지 못하고 세상을 떠났다. 나는 의사가 설령 수술을 권하더라도 본인이나 그의 아들이 수술을 거부했어야 하는 게 아닐까 하는 생각에 아쉬움이 컸다. 암이 생긴 줄을 몰랐다면 여전히 건강하고 즐겁게 몇 년 더 살다 갔을 텐데 수술 탓에 지레 일찍 떠나고 만 것 같아 마음이 영 안 좋았다.

아직 살날이 창창하고 해야 할 숙제가 많은 40~50대 때는 꾸준히 정기검진을 해서 온몸 구석구석을 면밀히 관찰해야 한다. 이때는 체력이 좋고 회복력도 빨라서 웬만한 치료나 수술은 거뜬히 이겨낼 수 있다. 내 친구 중에도 건강검진 통해서 일찍이 암을 발견하고 빨리 손을 써서 건강하게 지내는 사람들이 있다. 한 사람은 쉰 살에 대장암으로, 한 사람은 쉰일곱 살에 직장암으로 수술을 받았는데, 지금은 모두 회복해서 건강하게 살고 있다.

우리나라 40대 남성의 사망률은 세계 최고라고 한다. 40대는 안팎으로 스트레스가 많은 시기다 보니 몸과 마음이 함께 지쳐서 이런 일이 생기는 것이다. 아이들도 아직 어리고, 스스로도 이제 겨우 반평생 살았다고 보고 건강관리에 더욱 주의를 기울여야 한다.

수명 연장과
삶의 질 향상은 다르다

　사람은 누구나 생로병사를 겪는다. 하지만 젊은 사람들은 '나만은 예외'라고 생각한다. 나 역시 그랬다. 워낙 건강하고 활력이 넘쳤기 때문에 늙는 줄 모르고 일만 하며 살았다. 새벽부터 한밤중까지 일해도 지치지 않았고, 노력한 만큼 업무성과만 나면 행복했다. 하지만 내가 늙어서 보니 그게 아니었다. 내가 착각하고 살아온 것이다.

　예전에는 사람의 수명은 하늘에 달렸다고 했는데, 이제는 사람의 수명은 의학에 달린 것 같다. 지금은 암이라고 해도 그렇게 무서워하지 않는다. 옛날에는 암에 걸리면 꼼짝 없이 가야 했지만 지금은 웬만한 암은 수술이며 항암치료 등을 통해 치료해서 5년쯤 지나면 완치 판정을 해준다.

시간이 더 지나고 의학이 더 발달하면 어떻게 될지 알 수 없는 일이다. 말 그대로 '백세시대'가 와서 죽을 걱정 없이 살게 될까? 하지만 나는 그런 시대가 도래되는 것이야말로 불행의 시작이라고 생각한다. 오래 산다고 해서 좋은 것만은 아니다. 의학이 수명은 연장해 주겠지만 삶의 질까지 향상시켜 주지는 않기 때문이다.

'노령화지수'라는 것이 있다. 0~14세의 유소년층 인구에 대한 65세 이상 노년층 인구의 비율로, 인구의 노령화 정도를 나타내는 지표를 가리키는 말이다. 노령화지수가 높아진다는 것은 장래에 생산연령으로 유입되는 인구에 비해 부양해야 할 노년 인구가 상대적으로 많아진다는 것을 의미한다.

우리나라의 노령화 지수는 1970년의 7.2퍼센트에서 1995년 24.5퍼센트, 2000년 32.9퍼센트로 급격한 증가를 보였으며, 2020년까지는 77.9퍼센트에 이를 것으로 예상되고 있다. 반면 출산율은 급격하게 저하되고 있다. 1960년대에 6.0명이던 출산율이 2001년에는 1.3명까지 떨어져 미국(2.13명), 프랑스(1.89명)는 물론이고 저출산 문제로 고민하는 영국(1.64명)이나 일본(1.33명)보다도 낮은 수준으로 떨어졌다.

65세 이상 '노령인구'는 2000년을 기점으로 총인구의 7퍼센트를 넘어섬으로써 본격적인 '고령화사회'에 돌입했고, 2022년에는 14퍼센트를 넘어 '고령사회'에 진입될 것으로 전망된다.

이렇게 노인들만 가득한 세상이 되면 사회 자체가 느리게 돌아갈 수밖에 없다. 사회 자체가 노령화되기 때문이다. 지금 백세시대라고 들 하는데, 이대로 모두가 100세를 살면 그만한 불행도 없을 성싶다. 예전에는 60세까지가 경제활동 가능인구였다고 한다면 이제는 80세까지 경제활동이 가능할 정도로 건강이 증진되어야 진정한 백세시대라고 할 수 있다.

그런데 재미있는 것은, 지금의 40대가 노인이 되었을 30년 뒤에는 또 판이 달라져 있을 것이라는 사실이다. 변화의 속도가 점점 빨라지고 있으니, 30년 전과 지금의 차이와는 또 다를 것이 분명하다. 그때는 지금 우리가 고민하는 이런 문제도 전혀 문제가 아닐 수 있다고 생각해 보면 미래의 모습이 어떻게 펼쳐질지 자못 궁금하다.

내가 현직에 있던 80년대 말 90년대 초부터 '빛의 속도'라는 말이 유행했다. 지금은 실제로 모든 게 그렇게 변화해 가고 있다. 일례로, 컴퓨터가 가정에 보급되기 시작한 게 88년, 89년의 일이니, 불과 20여 년 전이다. 그때만 해도 모든 가정에서 컴퓨터를 갖게 될 줄은 몰랐다. 하지만 지금은 모두 손 안에 컴퓨터를 쥐고 다니는 세상이 되었다. 컴퓨터의 개념 자체가 완전히 바뀌어버린 것이다. 그러니 30년 뒤 세상을 누가 상상이나 할 수 있겠는가. 이제는 어떤 것도 연장선상에서 생각할 수 없다. 특히 기술 기반의 일은 예측할 수가 없어서 흥미로운 것이기도 하다.

모든 자연은 순환을 한다. 떠날 사람은 떠나고 새로운 아기들은 태어나야 한다. 그런데 출산율을 갈수록 떨어지고 노인들만 머물러 있으면 그게 문제다. 세상이 이렇게 빠르게 변화해 가는데 사람만 늦게 가면 그것 참 곤란한 일 아닐까. 아무래도 나는 늙으면 순서 받아서 가는 게 가장 좋지 않을까 하는 생각이 든다.

물론 맑은 정신으로 자신을 지키면서 오래 사는 것이야 좋은 일이고, 나 역시도 환영하는 일이다. 하지만 내가 그동안 보고들어온 경험에 비추어볼 때 그것은 평균적으로 어려운 일이다. 그러니 일찍이 준비를 하고, 대비를 해야 한다는 것이다. 육체의 건강, 마음의 건강, 영혼의 건강을 모두 강하고 튼튼하게 단련하지 않으면 빛의 속도로 변화해 가는 시대에 맞는 노인으로 늙어갈 수가 없다.

시대에 맞지 않는 늙은이, 저 혼자만의 속도로 느리게 사는 늙은이는 더 이상 이 사회에 유용하지가 않다. 그 때문에 노인들이 사회적 비용만 증가시킨다는 얘기를 듣는 것이다. 어떻게 쓸모 있게 늙어갈지 젊었을 때, 조금이라도 정신이 맑을 때 생각하고 준비해야 한다.

치매나 중증질환에 대한
심리적 결단

 2010년 5월, 국가인권위원회가 65세 이상 노인 806명을 대상으로 인권실태를 조사하여 발표한 자료에 의하면, '건강상태가 나빠졌을 경우 어디에서 지내고 싶냐'는 질문에 32.4퍼센트가 집보다는 노인요양시설에서 지내고 싶다고 응답했다. 또한 23.1퍼센트는 요양보호사, 간병인 등 외부 도움을 받으며 살고 싶다고 응답했다. 노인 10명 중 5명은 병든 노후를 가족이 아닌 다른 사람이 돌봐주길 원하고 있음을 알 수 있다.
 그런데 내 눈에는 이 조사결과 속에 감추어진 노인들의 심리가 엿보인다. 사람은 누구나 병이 들면 가족, 그중에서도 배우자가 돌봐주기를 바란다. 자식들에게야 폐 끼치고 싶지 않은 마음이 크고, 특히

아들 며느리에게 몸을 의탁해야 한다고 생각하면 불편할 수밖에 없는 일이다. 하지만 아무런 애정도, 연고도 없는 사람에게 간병을 받고 싶을 까닭이 어디 있겠는가. 다만 현실이 그렇지를 않으니, 차선책을 선택한 것이 아닐까 하는 게 경험을 통해 본 내 생각이다.

지금의 40대는 노년에도 자녀들과 함께 살기를 원치 않는다고 한다. 일찍 아이들을 독립시키고 서로 기대지 않고 사는 게 중요한 목표라고 한다. 그 자녀들 역시 부모를 모셔야 한다는 생각이 약해서 30년 뒤에는 어떤 상황이 펼쳐질지 알 수 없는 일이다.

나는 종종 아내와 함께 죽음에 대해 얘기를 나눈다. 그리 멀지 않은 일인 줄을 알기에 서로 마음의 준비를 해야 한다는 생각에서다. 아직은 두 사람 모두 큰 탈 없이 지내고 있지만 요즘은 치매나 중증질환이 워낙 흔하다 보니 만약의 경우에 대비해야 한다는 생각도 있다.

일단 우리 부부는 각자의 건강은 각자가 책임지기로 했다. 그것이 상대방을 위해주는 것이다. 눈으로 보고 말로 듣기만 해서는 상대방의 상태를 정확하게 파악할 수 없다. 내 몸은 내가 가장 잘 아는 것이기 때문에 스스로 조심하고 관리하는 것이 관건이다. 그리고는 큰 병이 나면 서로가 서로를 돌봐주는 것으로 합의를 했다. 아무래도 남보다는 가족이 낫고, 자식보다는 남편과 아내가 편할 테니 말이다.

다른 사람들이 요양병원이나 실버타운 등을 선택한다고 해도 달라질 것은 없다. 나는 몸이 아파도 내 집에서 아내와 함께 지내고 싶다. 물론 아내 혼자서 환자를 돌보자면 꼼짝없이 감옥살이를 해야 하니 간병인을 두는 것은 괜찮다. 하지만 기본적인 보살핌은 아내에게 받고 싶고, 아내가 드러눕는 일이 생긴다면 나 역시 직접 아내를 돌보기로 다짐했다.

어쩌면 그것마저도 욕심일지는 모른다. 또 나중에 정말로 그런 일이 생기면 어떻게 될지도 알 수 없다. 하지만 이렇게 미리 얘기를 나누고 서로의 뜻을 전달하는 것은 나름의 의미가 있다. 늙고 병들었을 때 자신의 삶을 예측할 수 있기 때문이다.

일본에서 시바타 도요라는 99세의 할머니가 『약해지지 마』라는 제목의 시집을 출간했는데, 그 안에 실린 시 한 편 한 편이 너무나 정갈하고 뜻이 깊어서 몇 편 적어두었다.

그중 '어머니'라는 시는 어머니를 노인 요양원에 모시며 느끼는 감회를 적고 있어 남의 일 같지가 않다.

돌아가신 어머니처럼

아흔둘 나이가 되어도 어머니가 그리워

노인 요양원으로 어머니를 찾아뵐 때마다

돌아오던 길의 괴롭던 마음

오래오래 딸을 배웅하던 어머니

구름이 몰려오던 하늘

바람에 흔들리던 코스모스

지금도 또렷한 기억

나 역시 아버지를 돌아가시기 전에 노인병원에 모셨다. 형제들과 상의한 뒤 어렵게 내린 결정이었지만 아버지를 뵙고 돌아올 때마다 마음이 너무 무거워 발걸음이 제대로 떨어지지 않았다. 그렇다고 해서 병약한 아내에게 시아버지 병수발을 하게 할 수도 없었다. 어머니 돌아가신 뒤 8년 간 아버지를 모시는 동안 아내는 거의 기진맥진해 있었다. 병수발을 계속하다가는 아내가 먼저 쓰러질 지경이었다. 하지만 아버지를 홀로 병원에 모신 그 2년은 그만큼의 납덩이가 되어 내 가슴 밑바닥에 무겁게 가라앉아 있다.

노인장기요양법이 제정된 2007년 이후 주간 보호시설, 요양원, 요양병원, 실버타운 등 다양한 노인 요양기관이 생겨났다. 맞벌이로 인해 낮 동안 집이 비면 치매 노인을 혼자 집에 둘 수 없다는 점을 감안한 것이다. 하지만 제대로 된 시설에 노인을 모시려면 비용이 너무 많이 든다. 나 역시 아버지를 요양원이 아닌 병원에 모신 탓에 건강보험 혜택을 전혀 받지 못해 경제적인 부담이 제법 컸다. 하지만 아버지에게 필요한 의료적 처치를 할 수 있는 병원에 모셔야 했고, 요양원은 아무리 봐도 아버지를 편하게 모실만한 곳으로 비쳐지지를 않았다.

이런 문제도 앞으로는 차차 해소되지 않을까 싶다. 아이를 낳으면 정부에서 기초양육비를 지원해 주는 것처럼, 노인을 가정에서 모시는 데 필요한 비용 역시 국가에서 지원을 해준다면 가족 봉양 가능성이 좀 더 높아지지 않을까 하는 것이 내 생각이다. 노인 환자가 가정에서 생활하되 간병인을 쓸 수 있도록 지원해주기만 한다면 굳이 병든 부모를 병원에 외롭게 방치하지 않아도 될 일이다.

　노인 복지시설을 만들고, 사회적 시스템을 운용하자면 막대한 비용이 들어간다. 하지만 가족 봉양을 지원하면 일이 한결 쉬워질 수도 있다. 가족 봉양에 대한 지원이 제대로 이루어지기만 한다면 사회적 비용을 절감하고 가족 모두의 행복지수를 상승시키는 효과도 있을 것이다. 나는 사회복지학을 공부한 사람으로서, 은퇴연구소에 몸담고 있는 사람으로서, 실현 가능성이 있건 없건, 이런저런 정책 궁리로 시간을 보낼 때가 많다. 이는 바로 내 자신의 일이며 우리 아이들의 일이기 때문이다.

불 꺼진 집에
홀로 들어가는 고통

　지인 중에 몇 년 전에 아내를 먼저 떠나보낸 사람이 있다. 한 모임에서 종종 얼굴을 보는 회원인데, 그의 나이 올해 70이다. 그 역시 정보통신업계 사장 출신이라 나와는 말도 잘 통하고, 함께 여행을 다녀온 적도 있어 만난 기간에 비해 친하게 지내는 편이다.

　그런데 이 분이 저녁 때 만나면 미적미적 시간을 끌며 좀체 일어서지 않으려 하는 것이었다. 집에 들어가 봤자 기다리는 사람도 없어서 그렇겠거니 하며 만날 때마다 함께 시간을 보내주곤 했는데, 한번은 그가 술기운에 기대 자신의 솔직한 심정을 털어놓았다.

　"서 사장, 나는 아내 떠난 뒤에 말이야, 저녁에 불 꺼진 집에 현관문을 열고 들어가는 게 죽기보다 싫어……."

그 말을 하는데 그의 눈에는 어느덧 눈물이 고여 있었다. 그의 눈물과 한숨이 얘기는 듣는 내 가슴까지 아프게 했다. 나는 어쩌다 어느 하루, 아내가 잠깐 집에 없기만 해도 너무나 무료하고 적적해서 짜증을 내는데, 날마다 깜깜한 집에 불을 켜고 들어가는 건 여간 힘든 일이 아닐 것이다.

사람은 늘그막에 혼자 남겨지면 빨리 늙는다고 한다. 개인에 따라 차이가 크겠지만, 나도 분명 그럴 것 같다. 아내가 없으면 아무것도 하기 싫고 아무것도 못할 게 뻔하다. 40년 넘게 함께 살아온 배우자는 그렇게 집의 일부이며 내 몸의 일부인 것처럼 익숙하고 자연스럽다. 집안에 아내가 없는 것 자체가 자연스럽지 않은 상황인 것이다. 그러니 혼자 집에 있으면 내 집이건만 편치가 않고 짜증이 나는 것이리라.

실제로 이혼이나 사별은 질병으로 이어지기도 한다. 한 연구에 의하면 유방암에 걸린 여성의 상당수가 최근 6개월을 전후하여 이혼이나 사별, 배우자의 외도, 자녀의 사망과 같은 극심한 정신적 충격을 받은 것으로 밝혀졌다고 한다. 암이 나타나기까지는 여러 가지 원인이 누적되어 있었겠지만 그처럼 상심이 큰 사건이 티핑포인트가 된 것이다. 막대한 스트레스 때문에 면역이 급격히 저하되고 순간적으로 암세포가 증폭되었을 것이라는 추측은 의학계에서도 다들 수긍하는 것이다.

특히 배우자가 먼저 사망한 경우, 노화, 질병 등이 급속히 진행될 수 있다고 한다. 몸속 순환계가 제대로 돌아가야 면역기능이 순조로운데 극도의 스트레스로 인해 그 밸런스가 깨져버리는 것이다. 그러면 여기저기서 악의 축이 번창하고 결국 우리 몸과 마음, 영혼까지 잠식해버린다.

나이가 들면 서로를 더 귀하게 여기고 더 세심하게 보살펴야 한다. 배우자를 살리는 일이 나를 살리는 일이기 때문이다. 젊을 때야 일과 아이들에게 거의 모든 시간을 쏟아 붓느라 배우자에 대해서는 그저 믿거니 하고 넘어가는 일이 많다. 하지만 가장 중요한 사람은 평생을 함께할 배우자다. 그러니 나중에 후회하지 말고 미리미리 잘 챙겨서 더불어, 함께 나이 들어가야 한다. 서로 젊은 시절부터 고운 정, 미운 정 듬뿍 든 사람만큼 좋은 사람이 어디 있겠는가.

나는 가끔 작은아들한테 "차장님 잘 모셔라" 하고 농담을 하곤 한다. 아들과 며느리는 서로 다른 회사에 다니지만 아들은 회사에서 직급이 대리고, 며느리는 차장이라서 하는 소리다. 실제로 며느리 역시 여느 대기업이나 여느 남성 직장인 못지않게 스트레스 강도가 높은 일을 하고 있다. 그러니 자기 일만 하더라도 힘에 부칠 텐데 집에 오면 살림하랴 아이 돌보랴 피로에 피로가 겹칠 수밖에 없다. 또 시부모가 바로 위층에 살고 있으니 편리한 점도 있겠지만 조심스럽거나 불편한 일이 왜 없겠는가.

요즘 30~40대 아내들은 대개 우리 며느리와 비슷한 삶을 산다. 바깥일에 집안일에 육아까지 삼중고를 겪어야 한다. 그런데도 남편들은 그 속을 잘 몰라줄 때가 많다. 집안일이나 육아는 당연히 아내의 일이고, 남편은 어쩌다 한두 번 거들어도 큰일이라도 한 것처럼 공치사를 늘어놓는다.

하지만 가사도 육아도 이제는 더 이상 여성들만의 일은 아니다. 남녀가 차별 없이 일하고 있으니 가정에서도 남편들이 보다 적극적으로 나서야 한다. 앞서 내가 가장의 권위를 세우라 했다고 해서 소파에 앉아 신문이나 보며 쉬라는 얘기로 오해하면 안 된다. 그런 식의 권위주의는 우리 세대에나 가능한 것이었다. 우리야 남녀를 불문하고 봉건주의적 사고방식 아래서 교육을 받고 자랐기 때문에 그게 가능했지만 이제는 더 이상 안 된다. 아내를 직장에서 함께 일하는 동료처럼 아끼고 배려하고 조심해야 한다. 그래야 가정이 편안하고 늘그막이 편하다.

은퇴자금의 함정, 의료비와 간병비

연세가 지긋한 분들 사이에서 '9988234'라는 말이 유행이다. 99세까지 팔팔(88)하게 살다가 이틀(2) 아프고 사흘(3)째 죽고 싶다(4·死)는 바람을 숫자로 표현한 것이다. 이렇듯 천수를 누린 후 평소처럼 잠을 자다가 생을 마감하는 것을 복으로 여기는 사람이 많다. 하지만 세계보건기구WHO에서 발표하는 '건강수명'에 대해 살펴보면 인생을 깔끔하게 마무리하는 것이 얼마나 어려운 일인지 알 수 있다.

건강수명이란 실제 수명에서 질병이나 부상으로 활동할 수 없을 정도로 건강이 안 좋은 기간을 뺀 것이다. 2007년 기준 우리나라 국민의 건강수명은 71세로, 평균 기대수명(79.56)과 약 8.56년 정도 차이가 나는 것으로 나타났다. 즉 인생의 10%에 해당하는 기간을 여러 가지 질병이나 부상 속에서 보내야 하는 것이다. 따라서 노후준비를 할 때도 인생 후반기의 건강하지 못한 기간을 반드시 고려해야 한다.

한편 65세 이상 노인 의료비 또한 꾸준히 증가하고 있다. 국민건강보험공단에 따르면 2011년 노인 의료비는 전년 대비 8.8퍼센트 늘어난 15조 3,768억 원이다. 이는 전체 국민 의료비의 33.3퍼센트에 해당하는 수준이다. 65세 이상 노인 인구가 전체 인구의 10퍼센트 수준인 점을 감안하면 노인들의 의료비 부담이 적지 않다는 것을 알 수 있다.

문제는 많은 노인이 늘어나는 의료비 부담에 제대로 대처하지 못하고 있다는 점이다. 건강보험심사평가원에 따르면 노인 가계의 80퍼센트 이상이 만성질환이나 장애를 가지고 있지만, 민간 보험회사의 건강 관련 보험에 가입한 경우는 12퍼센트에 미치지 못하는 것으로 나타났다. 심한 경우 의료비가 노인 가계 파산의 원인이 되기도 한다.

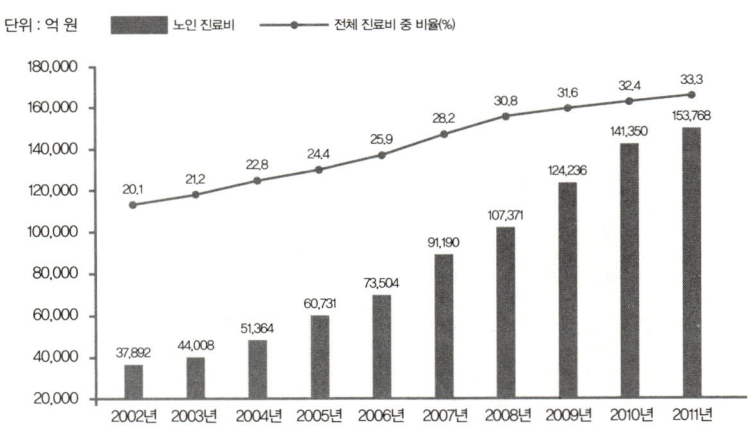

65세 이상 노인의 연도별 의료비 지출액

자료 : 국민건강보험공단, 2011년 건강보험 주요 통계

치매와 같은 질환으로 인한 장기 간병비도 의료비와 더불어 노인 가계에 큰 부담이 된다. "긴 병에 효자 없다"는 말처럼 자식들에게 장

기간 간병을 기대하는 것은 한계가 있다. 가까운 일본에서는 부모나 배우자를 간호하는 과정에서 가계 수준이 중산층에서 빈곤층으로 몰락하는 경우가 늘어나면서 '간병지옥'이라는 말까지 생겨났다. 심지어 치매를 앓는 부모를 모시다가 한계에 달한 간병 가족이 가출을 하거나 자살하는 경우도 발생하고 있다. 이런 상황을 피하려면 요양시설을 이용해야 하지만 여기에도 적지 않은 비용이 필요하다.

이처럼 의료비와 간병비가 노인들에게 큰 부담이 되고 있지만 은퇴를 준비하는 과정에서 이러한 비용을 의외로 간과하는 경우가 많다. 특히 장기 간병에 대한 대비가 허술하다. 은퇴 후의 지출 항목에

65세 이상 노인의 연도별 의료비 지출액

	요양원	요양병원
주목적	간병과 수발	질병치료
대상	요양병원에서 치료를 마친 치매, 중풍 환자 등	노인성질환자 및 만성질환자
정부보조	노인장기요양보험 적용	국민건강보험 혜택
본인부담 *보험 적용 시	월 약 50~70만 원	월 약 80~250만 원

자료 : 국민건강보험공단, 삼성생명 은퇴연구소

의료비를 반영했더라도 장기 간병에 대한 고려가 없다면 실제로 그 상황에 닥쳤을 때 생활수준이 크게 떨어질 수 있다.

그렇다면 은퇴 이후의 의료비와 장기 간병비는 어떻게 준비해야 할까? 물론 의료비와 간병비 명목으로 별도의 목돈을 마련할 수 있다. 하지만 의료비와 장기 간병비는 언제, 어느 정도의 자금이 소요될지 예측하기가 어렵다. 예상보다 간병 기간이 길어질 경우에는 필요한 자금이 가파르게 늘어날 수도 있다. 따라서 의료 및 간병 리스크는 보험상품을 활용해서 대비하는 것이 좋다.

자료제공 : 삼성생명 은퇴연구소

은퇴 연령이 점점 낮아지고 있다.
IMF 이후 평생직장의 개념은 사라졌고,
지금은 50대에 은퇴하는 사람도 적지 않다.
하지만 직장에서의 은퇴가 사회적 은퇴를 의미하는 것은 아니다.
훨씬 젊어진 사회적 나이를 감안하면 60세에 현업에서
은퇴를 한다 해도 그 뒤로 최소 10년간은 일을 해야 한다.
이는 곧 노년층에 대한 사회적 부담을 줄이고
개인의 생활 만족도를 높이는 일이기도 하다.

part
4

직장은 은퇴해도
일에서는
은퇴하지 마라

명품인생을 위한
무대 만들기

나는 삼성생명 은퇴연구소 고문으로 일하면서 일주일에 두 번, 화요일과 목요일에 출근을 한다. 나는 이날을 가리켜 우리 가정 '화목의 날'이라고 한다. 나는 일이 있어 옷을 갖춰 입고 집을 나서고, 아내는 아내대로 편안하게 자기 시간을 즐길 수 있으니 화요일과 목요일이 가정의 '화목'에 도움이 되는 날인 것만은 분명하다.

이날만은 나는 무대 위의 주인공이다. 비록 나이가 들고 현업에서는 은퇴했지만 이렇게 무대가 주어지고 배역을 맡게 되었으니 같은 무대에 서는 배우들 중에서도 내가 가장 행운아가 아닌가 싶어 무대에 오를 때마다 감사가 넘친다. 나는 주변의 많은 관객들에게 내 배역에 맞는 무대의상과 분장, 표정, 연기를 보여주며 내가 맡은 역할을 멋지게 소화해 내기 위해 항상 최선을 다한다.

셰익스피어는 인생을 연극에 자주 빗대곤 했다. 그는 자신의 작품 「뜻대로 하세요」에서 "온 세상은 무대이고 모든 여자와 남자는 배우일 뿐이다. 그들은 등장했다가 퇴장한다. 어떤 이는 일생 동안 7막에 걸쳐 여러 역할을 연기한다"고 말한 바 있다.

내가 느끼는 인생도 똑같다. 인생은 연극, 배우에겐 무대가 필요하다. 하지만 인생은 연극과 달리 리허설을 할 수가 없다. 공연도 딱 한 번만 할 수 있고, 배역도, 상대배우도 내 마음대로 선택할 수 없다. 그나마 젊어서는 무대라도 계속 있으니 배우 노릇을 할 수 있지만 나이가 들고 힘이 빠지면 무대는 막을 내리고 만다. 이렇게 무대가 사라져버리면 배우는 우울하다. 연극이 끝난 뒤에 배우가 느끼는 쓸쓸한 감회, 그것이 노년의 심정이다.

나는 지금의 내 일이 참 즐겁고 또한 고맙다. 또래의 친구들은 대부분 이미 무대가 사라져버렸는데, 나는 운 좋게도 새로운 무대를 갖게 된 것이다.

무대가 있는 배우와 그렇지 않은 배우의 생활은 완전히 다르다. 무대가 없는 친구들 만나서 얘기를 나누다 보면 답답함을 느낄 때가 많다. 내게 주어진 무대에 대한 이야기를 함부로 할 수도 없다. 이미 연극이 끝나고 막을 내린 배우에게 다른 배우의 무대는 상대적 박탈감을 느끼게 할 뿐이라는 사실을 잘 알고 있기 때문이다. 그래서 나는 누군가 내 무대에 대해 묻지 않으면 일절 입을 열지 않는다.

최근 뉴스를 보니 2016년 이후 정년 60세가 의무화될 전망이다. 지금까지는 권고조항으로 되어 있었는데, 이를 의무화하고 전체 사업장으로 확대한다는 방침이다. 이 법안이 그때 가서 정말로 실현이 될지, 기업의 인사관리나 20대 실업률에 어떤 영향을 미칠지는 좀 더 두고 봐야 알겠지만, 무대에 대한 아쉬움을 안고 있는 퇴장 직전의 배우들에게야 이만한 희소식도 없지 않을까 싶다.

우리나라는 현재 65세 이상을 법적인 노인으로 규정하고 있다. 하지만 지금 65세인 사람들을 만나보면 도무지 노인으로 보이지 않는다. 지하철에서 자리를 양보받는 사람들 역시 머리가 하얗게 새고 허리가 구부러진 진짜 노인들뿐이다.

그렇다면 이름만 노인인 이 은퇴자들은 어디서 무대를 찾아야 할까. 아직은 무대에 서기에 충분한 기량과 의지를 갖고 있는데, 나이에 밀려 무대를 내려와야만 했다면 그들 역시 새로운 무대가 필요하다. 그렇다고 해서 반드시 새로운 직장에 들어가야 한다거나 뭔가 사업을 시작해야 한다는 얘기는 아니다. 무대는 어디서건 어떤 일로건 만들 수 있다. 다만 이런 행운은 무대가 사라질 때를 대비해 스스로 자신의 무대를 준비해 온 사람들에게만 가능한 일이다.

취미활동도 좋고, 봉사활동도 좋고, 뭔가 새로운 돈벌이를 찾는 것도 좋다. 뭐라도 자신의 존재감을 느끼며 할 수 있는 일만 있다면 퇴역배우의 쓸쓸한 감회에 젖어 시간을 낭비하지 않아도 될 것이다.

아무래도 할 일이 없다면 새로이 뭔가를 배워보거나 자연과 벗 삼는 것이 좋을 성싶다. 나는 한동안 일을 쉴 때 대학원과 산에서 시간을 보냈다. 오랜 숙원이었던 공부와 20여 년을 해온 등산이 가까이 있기에 나는 쓸쓸한 틈 없이 지낼 수 있었다. 그러다 또 이렇게 인연법에 의해 새로운 무대를 맞이하게 되었으니 참으로 감사한 일이다.

그런데 대부분의 사람은 스스로 무대를 만들지 못한다. 준비가 안 되어 있는 까닭이다. 그나마 경제적으로 여유가 있는 친구들은 작은 오피스텔을 하나 얻어놓고 연구실 삼아, 사랑방 삼아 자기만의 공간을 즐긴다. 일이 없다고 해서 집에만 있으면 아내와 투닥거리기나 하고 기분만 처지니 아침이면 깔끔하게 단장하고 나와서 책도 읽고 친구도 만나는 것이다. 이런 공간이 그들에게는 새로운 무대인 것이다.

나는 아직 연극을 할 무대가 있으니 집에서 한결 당당하다. 그런 생각을 하다 보면 무대가 없으면 남자는 아무것도 아니라는 생각이 들곤 한다. 생각만 해도 정말 답답할 노릇이다. 그러니 은퇴 후에 주어지는 기나긴 시간을 무엇을 하며 보낼지 미리 생각하고 미리 준비해야 한다. 시간이 있고 돈이 있어도 준비가 부족한 사람은 제대로 그 시간을 즐길 수 없다. 자신이 즐기면서 할 수 있는 일, 주변 사람들에게도 도움이 되는 일이라면 두말할 것도 없이 좋다.

하지만 지금의 직장만이 유일한 내 일이며 나의 무대라고 생각하고 지내다 보면 스스로 무대를 만들 수 있는 능력은 퇴화되어 버리고 만다. 은퇴준비에는 돈도, 건강도 모두 중요하지만 일이 있어야 한다. 그래야 존재감을 느끼며 보람되고 즐겁게 살 수 있다.

노년의 시간,
부가가치 만들기

노년은 우리 모두의 미래다. 그러니 노인문제에 관심을 갖는 것은 미래의 자신의 삶에 관심을 갖는 것과 다를 바 없다. 막연하게 생각하면 노년은 상실과 외로움의 시기다. 하지만 이 시간을 새로운 배움과 사회적 기여의 기회로 바꿀 수만 있다면 노년은 사회의 또 다른 경쟁력으로 승화될 수도 있지 않을까. 평균수명이 길어지면서 발생한 노년의 시간을 경제적 가치로 환산하면 엄청난 부가가치를 생성할 수도 있지 않을까 하는 생각이다.

물론 이런 변화가 개인의 힘에 의해 이루어지지는 않는다. 사회적 시스템이 마련되어야 하고 노년의 삶을 바라보는 시각도 수정되어야 한다. 노인을 단순히 사회적 약자로 옹호하고 보호하는 데서 끝낼 게 아니라 스스로 존재감을 인식하며 자신의 역할을 찾을 수 있게 지원할 수만 있다면 아직도 얼마든지 생산성을 발휘할 수 있을 것이다.

은퇴 이후의 노인들은 직장인들이 가질 수 없는 시간적 여유를 활용해 다양한 활동에 참여할 수 있다. 이를 통해 사회에 기여하고, 다음 세대에게 지혜를 전수하며, 자신의 행복감을 극대화할 수 있다면 그야말로 진정한 노인복지라고 할 수 있다. 노인들 역시 자신의 가치를 실현하고 행복을 추구할 권리가 있기 때문이다.

영국이나 일본의 경우, 노인문제에 집중하기 시작한 지 이미 40년이 넘었다. 그만큼 다양한 사회적 시스템이 갖추어졌고, 노인들이 새로운 배움의 터전을 찾거나 일을 찾아 봉사의 기쁨을 누리고, 경제적 소득을 얻을 수 있도록 돕고 있다.

우리나라에서도 이런 움직임은 시작되었다. 고령화 속도는 OECD 평균의 두 배를 넘어서면서도 노인의 행복지수는 최저 수준이라는 불편한 진실에서 벗어나 새로운 국면을 전개하기 위한 활동들이 곳곳에서 태동하고 있다. 최저생활 보장이나 의료보장 같은 소극적인 복지가 아닌, 새로운 삶의 목표와 사회에 대한 소속감을 느낄 수 있도록 지원하겠다는 취지의 활동들이다. 노인들이 만드는 다큐멘터리, 노인을 위한 SNS 전시회 등 노인은 단지 나이가 많을 뿐 10년 전과 다를 바 없이 중요한 우리 사회의 인력이며 중추라는 인식을 바탕으로 진행되고 있는 바람직한 현상들이다.

요즘은 은퇴 후에도 개인적으로 자신의 영역을 확보해 나가며 사회적 활동을 하는 사람이 적지 않다. 창업, 봉사 등 직접적인 가치를 생산해 내는 활동을 하는 사람이 늘어나고 있는 것이다. 나이가 들어도 내 일이 있어야 하고, 그 일을 통해서 가족과 사회에 기여할 수 있어야 한다. 꼭 돈을 벌어야 경제적, 사회적 가치를 인정받는 것은 아니다. 우리 사회에는 돈 말고도 귀중한 가치가 많고, 나이 든 사람도 얼마든지 가치 있는 일을 하면서 그 쓸모를 인정받을 수 있다.

하지만 그러기 위해서는 준비가 필요하다. 프랑스 교육학자 아서 모건은 "노년은 10대부터 준비해야 한다. 목적 없이 산 삶이 은퇴 무렵 갑자기 충만해지지는 않는다"고 말해 노후준비에 대한 경각심을 일깨운다. 현실적으로 10대부터는 무리라고 할지라도 현업에서 한창 왕성하게 활동하고 있는 40대 때부터는 구체적인 준비에 돌입해야 한다. '은퇴 후에 천천히'란 있을 수 없다. 노년은 마치 임신한 엄마가 아기를 기다리는 것처럼 미리 준비하고 기다려야 행복하게 맞이할 수 있는 것이다.

내 은퇴를 막아준
은퇴연구소

　내 인생은 30년간의 공무원 생활이 1기, 낙하산을 타고 연착륙했던 세 번의 공기업 사장이 2기, 그리고 그 이후의 대학원 공부와 지금의 은퇴연구소 일이 3기라고 할 수 있다.
　5년 전, 인생의 2기를 마치고 현역에서 물러나 소일을 하던 나는 문득 내게는 아직도 너무 많은 시간이 남아 있다는 데 생각이 닿았다. 내 나이 내년이면 한국 나이로 70이다. 우리 아버지가 92세에 돌아가셨으니 아버지만큼만 산다고 해도 앞으로 20년 넘는 세월이 남아 있다. 5년 전에는 지금보다 훨씬 더 많은 시간이 남아 있었으니 정신 똑바로 차리지 않으면 하릴없이 시간만 허비하고 말겠다 싶은 생각에 정신이 번쩍 들었다.

이대로 어영부영 시간만 보내다가는 어느 순간 참 쓸모없는 사람이 되고 말겠다는 생각이 들자 나는 마음을 가다듬고 책상 앞에 앉았다. 그리고는 생각을 정리해 버킷리스트를 작성했다. 제3의 인생에 도전해 보기로 결심한 것이다. 나는 나이 70이 되기 전에 5년 동안 하고 싶은 일을 적어보았다.

내 버킷리스트의 첫 번째 항목은 대학원에 진학해 공부를 하는 것이었다. 내가 학교에서 공부한 시간이 초등학교 때부터 대학 때까지 다해서 16년. 그걸로 30년 넘는 1, 2기 인생 내내 우려먹었다는 생각을 하니 내가 너무 넋 놓고 있었구나 하는 생각이 든 것이다. 나는 오래전부터 대학원이란 곳이 어떤 곳인지 궁금했고, 공부를 좀 더 하고 싶다는 꿈을 갖고 있었지만 일하는 동안에는 도통 시간을 낼 수 없었다. 그런데 이제는 드디어 뭔가를 다시 배워야 할 때가 왔다는 생각이 들었다. 내가 언제 이렇게 한가한 적이 있었던가 하는 생각이 든 것이다.

내가 행정고시를 패스할 때만 해도 대학원은 아예 고려 대상도 아니었다. 1960년대 대학원은 애초에 학자에 뜻을 둔 사람이나 취업이 안 되는 사람만 가는 곳이었다. 그때는 고시만 한 게 없었다. 행정고시에 척하니 붙었으니 대학원은 염두에 둘 필요도 없었던 것이다. 하지만 나는 어릴 때부터 공부하는 것을 좋아했고, 그 안에서 즐거움도 느끼곤 했다. 그래서인지 나이가 들수록 '공부하던 때가 좋았지' 하는 생각이 들며 스멀스멀 대학원 생각이 피어난 것이다.

내 주변의 지인들은 거의 "내가 왕년에……"로 살아가는 사람들이다. 나만 해도 고위공무원에 공기업 사장을 세 곳이나 거쳤으니 옛 생각에 젖어 지낼 수도 있었을 것이다. 하지만 나는 은퇴한 사람들이 과거의 영화만 끌어안고 현실은 외면한 채 살아가는 모습이 왠지 애처롭게 느껴졌다. 나이가 들수록 추억이 소중한 것은 분명하지만 스스로 새로운 것을 만들지 않으면 그렇게 과거에 묻혀서 사는 과거의 사람으로 끝나버리고 말 것이 자명한 일이다.

새로운 것은 저절로 찾아오는 법이 없다. 특히 나이가 들수록 새로움은 갓길로 비켜가 버리는지 도무지 새롭고 재미난 일이 생기지 않는다. 사회적으로 주어지는 새로움이 없다면 그것은 스스로 길을 모색해야 한다는 뜻이기도 하다. 물론 어려운 일이긴 하지만 여건만 탓하고 주저앉아 있기에는 너무도 많은 시간과 기회가 남겨져 있으니 무릎에 힘이 남아 있는 한 다시 일어서야만 한다.

2009년 9월, 나는 건국대 일반대학원 석사과정에 입학했다. 주변에는 '굳이 학위 받는다고 힘 뺄 것 없이 평생교육원 같은 데 가서 인맥이나 쌓으며 소일하라'며 대학원 진학을 말리는 사람도 있었지만 내 생각은 달랐다. 기왕에 벼르던 공부, 제대로 해보고 싶었던 것이다.

또 어떤 친구들은 "남들 부러워하는 것 다 해본 녀석이 뭘 더 하고 싶어서 욕심을 부리냐"며 빈정거렸지만 나는 "놀면 또 뭐하냐?" 하며 입을 다물었다. 그들은 내가 말년에 뭔가 속셈이 있어서 대학원에 들어갔다고 생각하는 것 같았다. 욕심으로 치면 공부를 하고 싶다는 욕심만큼 큰 욕심이 있을까만 나는 내게 한 가지 더 시험무대를 만들어 주고 싶었을 뿐이다.

내가 선택한 전공은 사회복지학과였다. 평생을 공급 사이드에서만 살았으니, 이제는 수요 사이드도 경험해 보고 싶다는 단순한 생각에서였다. 공부를 해보니 예상했던 것보다 그 격차가 컸다. 평생을 갑甲 입장에서만 살다 을乙의 입장을 들여다보니 내가 모르는 것이 너무나 많았다는 것을 깨닫게 되었다.

대학원 동기들은 대부분 20대 후반에서 30대의 젊은 사람들이었다. 40대와 50대도 몇 명 있었는데, 그들은 직업적으로 그 일을 하고 있어서 학위를 목적으로 온 사람들이었다. 나는 한동안 뻘쭘해서 겉돌았다. 늘그막에 딱딱하고 좁은 의자에 앉아 공부를 하려니 그것만으로도 쉽지 않은 일이었다.

그때 나를 일깨워준 분이 사회보장론 교수님이었다. 그 분은 시각장애인이었는데, 점자로 공부를 해서 미국에서 박사학위까지 받아온 대단한 인물이다. 이 분 아래서 공부를 하다 보니 나이 많은 것쯤이야 핸디캡도 아니라는 생각이 들어 더욱 공부에 매진할 수 있었다.

그렇게 석사학위를 받은 뒤 얼마 되지 않아 나는 운명적으로 삼성생명 은퇴연구소에서 일하고 있는 후배를 만나게 되었다. 모임에서 서로의 근황을 주고받다 우연히 대학원 얘기가 나오게 되었는데, 그는 내가 최근에 사회복지학을 공부했다는 얘기를 듣더니 반색을 하며 달려와 손을 덥석 잡았다. 당장 와서 함께 일해 달라는 것이다. 순간

나는 어리둥절해서 아무 말도 못하고 허허 웃기만 했다.

참으로 묘한 인연이었다. 대학원에 들어갈 때만 해도 사회복지학이 뭔지도 몰랐고, 대학원을 졸업할 즈음에만 해도 삼성생명에 은퇴연구소가 있다는 사실조차 몰랐던 내게 마치 예약이라도 한 듯이 새로운 무대가 열린 것이다. 무슨 욕심이 있어 그 나이에 대학원을 가느냐고 핀잔을 주던 친구들 중에는 그때부터 내게 이 무대가 예비되어 있었던 것이겠지 하고 넘겨짚는 사람도 있을지 모르겠다. 하지만 아무래도 상관없는 일이다. 나는 자신을 위해 새로운 공부를 했을 뿐이고, 그 공부가 새로운 인연을 만들어 나를 새 무대로 이끌었으니 말이다.

살아갈수록 인연법의 원리에 놀라게 된다. 은퇴가 기회를 만들어 준 대학원 공부가 나를 다시 은퇴연구소로 인도했으니 세상이치는 알다가도 모를 일이다. 모든 일은 서로 인과관계를 엮어가고, 그 사이에는 필연의 고리가 연결되어 있는 것 같다. 사람도, 일도, 세상의 크고 작은 일들도 뜬금없이 이루어지는 일은 없는 모양이다. 그러니 세상일은 억지로 못 한다는 것인가 보다.

섣부른 창업이 노화를 부추긴다

나는 타고나기를 사업체질이 아닌지, 한 번도 돈이 된다는 뭔가에 관심을 가져본 적이 없다. 내 사업체에 대한 꿈은 꿔본 적도 없다. 쉽게 말해서 나는 앞뒤로 꽉 막힌 공무원이 제격인 사람이다. 원칙을 중요하게 생각해서 편법이라면 질색을 하고, 눈앞의 이익을 보고도 내 것이 아니면 아예 못 본 척 외면해 버리는 성격이니 큰돈을 벌기는 어려운 체질인 것 같다.

그런데 나뿐만이 아니다. 성격으로만 보면 함께 일하던 공무원들 중에도 사업가 체질로 보이는 사람이 제법 있었다. 사람 만나기 좋아하고, 이 모임 저 모임 다니며 작당하기 좋아하고, 신기하고 재미난 일이 있다고 하면 어디건 달려가는 적극적인 사람들이 종종 눈에 띄었다. 그런데 성격보다 무서운 게 직업병인 모양이다. 오랫동안 공직에 있었던 사람은 그 일하는 방식이 완전히 몸에 배어서 그런지 주변에서 "저 사람은 참 사업가 체질이야" 했던 사람도 막상 일을 벌여놓고 보면 사업에는 젬병인 경우가 대부분이었다.

흔히 듣는 이야기겠지만, 오래 직장생활을 하다 퇴직금을 받아들고 나온 사람이나 공무원 출신들이 명예퇴직금 등으로 생긴 목돈을 쥐고 있으면 '저 돈은 내 돈'이라고 생각하는 사람이 한둘이 아니란다. 가족도, 친구도, 심지어 지나가던 사람도 욕심을 내는 것이 세상이란다. 그래서 선배들은 우리를 만날 때마다 '퇴직하면 항상 사람 조심하라'고 조언을 하곤 했다. 그런데도 막상 누군가 다가와 사탕발림을 하면 참 쉽게 넘어가는 것이 또 공무원 출신들이다.

공무원 출신들은 자기 주변에 고위공직자가 수두룩하니 누구라도 쉽게 자기를 속일 수 없을 것이라는 섣부른 판단을 하는 일이 많다. 여기에 더해 사람들이 내가 좋아서, 나를 위해서 다가온다고 생각하는 경향이 있기 때문에 제 꾀에 제가 넘어가 사기를 당하는 일이 왕왕 있다. 공무원 출신들이 귀가 얇아서 사기를 잘 당한다는 얘기는 우리끼리도 하는 얘기다. 사람들이 나를 이용해 먹으려고 다가오는 줄을 모르고 듣기 좋은 소리에만 귀를 기울이는 것이다.

또 공무원은 항상 갑의 입장에서 일하다 보니 밖에 나와서 일을 하려면 어려움을 많이 겪을 수밖에 없다. 요즘은 어떤 일이건 서비스 정신이 중요하다. 특히 장사를 하려면 서비스 정신이 몸에 배 있어야 한다. 간, 쓸개 다 빼놓고 손님을 왕으로 떠받들어도 될까 말까 한 게 장사가 아닌가. 그런 면에서 공무원 출신들은 아무래도 후한 점수를 받기가 어렵다. 그러니 공무원 퇴직 후에 창업을 해서 제대로 성공한 경우가 별로 없는 것이다.

나보다 세 살 많은 선배 중에 일찍이 명예퇴직을 해서 그 명예퇴직금을 갖고 프랜차이즈 사업을 시작했다 쫄딱 망한 사람이 있다. 사업이 망했다고는 하지만 나중에 들어보니 거의 반은 사기였다. 일을 같이 준비하던 사람들이 이 선배의 인맥만 이용해 먹고 자기들이 투자해야 할 지분은 차일피일 미루다가 선배의 돈만 톡 털어먹고 두 손 들어버린 것이다. 이 선배는 결국 몇 달간 마음고생을 한 끝에 무일푼이 되었고, 평생 일해서 받은 명예퇴직금으로 사기꾼들 배만 불려준 꼴이 되고 말았다.

그 뒤로 1년쯤 지나서 우연히 그 선배를 만났는데, 완전히 다른 사람이 되어 있었다. 볼은 움푹 파이고 이마에는 굵은 주름이 잡혀 있었다. 머리는 온통 새하얗게 뒤덮여 나이보다 10년은 족히 늙어보였다. 마침 약속이 없으니 식사라도 같이 하자고 청하는데도 굳이 뿌리치고 도망치듯 서둘러 가는 뒷모습을 보니 참 암담하기만 했다.

정말로 사업에 뜻이 있는 사람이라면 퇴직 전부터, 수중에 돈이 들어오기 전부터 충분히 조사하고 준비해야 한다. 자기 자신을 철저하게 되돌아보는 것은 물론, 주변 환경과 사람들, 3년 뒤, 5년 뒤의 사업성까지, 따져봐야 할 것이 한두 가지가 아닐 것이다. 특히 누군가의 제안이나 동업 등을 통해 일을 할 때는 상대가 내가 아니라 내 돈을 보고 다가온 것은 아닌지 철저하게 검증해 봐야 한다.

솔직히 20년 이상, 나아가 30년 이상 월급만 받고 일해 온 사람이라면 사업 벌이는 것은 웬만하면 말리고 싶다. 남의 말만 믿고 섣불리 창업했다간 잘 돼도 고생, 안 돼도 고생이다. 특히 체질에 안 맞는 장사는 노화만 부추길 뿐 돈 날리고 몸만 고달프기 십상이다.

노는 것보단
적은 돈이라도 버는 것이 낫다

경제활동을 한다는 것은 자본주의 사회의 기본적인 가치를 실천하는 일이다. 정당한 방법으로 돈을 벌고 돈을 쓰는 것은 노동을 매개로 한 귀중한 경제활동이다. 하지만 은퇴를 하고 나이가 들면 경제활동 자체를 포기해 버리는 사람이 많다. 이런 사람들에게는 은퇴할 때 여생을 살아갈 목돈이 없는 것만큼 두려운 일도 없을 것이다.

은퇴연구소에서 일하다 보니 일의 중요성을 절감할 때가 많다. 돈의 있고 없음을 떠나 돈을 버는 일이건 쓰는 일이건 자기 일이 있는 사람과 그렇지 않은 사람의 삶은 천양지차라는 것을 보고 듣는 일이 많아지는 까닭이다. 은퇴 자금이 충분하건 그렇지 않건 은퇴 후에도 적은 돈이라도 벌면서 새로운 인생을 시작해 보는 건 어떨까.

그렇다고 해서 갑자기 생각해본 적도 없는 식당을 개업한다거나 남의 말만 듣고 고가의 프랜차이즈에 목돈을 쏟아 붓는다거나 하는 일을 얘기하는 것은 아니다. 은퇴 이후의 경제활동은 안전이 최우선이다. 가진 돈을 한 곳에 털어 붓거나 심지어 빚까지 내서 큰 사업을 벌이는 것은 위험천만한 발상이다. 60대 이후에 실패하면 재기란 여간 어려운 일이 아니기 때문이다.

은퇴 이후야말로 자신의 꿈을 찾아 소일을 할 시간이다. 평생 가족을 위해 희생하고 조직에 헌신해 왔다면 이제는 자기 자신을 위해 시간을 쓰는 것이 어떨까. 그러면서 적으나마 돈을 벌 수 있다면 더욱 좋다. 여생을 지켜줄 만한 연금이라도 있다면 돈벌이와 상관없는 일도 좋다. 나와 다른 사람을 위해 즐거움을 만드는 일을 찾아보면 된다.

"이 나이에 무슨 일을 시작해" 하고 주저앉아 있을 일이 아니다. 기회란 언제나 준비하는 사람의 것이다.

일본의 경우 실버인재센터라는 것이 있어 일자리를 연계해 주거나 새로운 일을 찾아 새로운 삶을 설계할 수 있도록 도와주는 활동이 활발하게 벌어지고 있다. 이 센터는 2000년도에 결성되어 현재 전국에 1,294개소를 운영하고 있다고 한다.

우리나라에서도 노인 재취업을 위한 다양한 프로그램을 운영하고 있다. 각 시군구 지자체마다 복지센터를 통해 다양한 강의와 평생직업교육 등을 진행하며 일자리를 알선하는 일을 하고 있다. 그러니 마음만 먹는다면 길은 얼마든지 찾을 수 있다.

얼마 전 들른 주유소에도 할아버지 주유원이 두 명이나 있었다. 젊은이들과 똑같은 유니폼을 입고 활기차게 뛰어다니며 일하는 모습을 보니 나이가 무색할 정도였다. 은퇴와 더불어 뒷방늙은이로 들어앉는 사람과 은퇴 후에도 새로운 일을 찾아 취업을 하고 아르바이트를 하는 노인의 차이는 어디에서 오는 것일까. 내 생각에는 자신의 삶에 대한 주인의식의 차이가 아닐까 싶다. 내가 내 삶의 주인이고 내 삶이 아직도 20년 넘게 남았다면 당연히 의지를 갖고 새로운 일을 모색해야 한다. 그리고 그런 적극성과 의지를 가진 사람에게는 반드시 기회의 문이 열리게 마련이다.

일은 없는 것보다는 있는 게 낫고, 돈은 아예 손 놓고 있는 것보다는 조금이라도 버는 게 낫다. 돈은 움직이는 데 자신감을 주고, 생산성 있는 일을 한다는 것만으로도 삶의 질은 달라진다. 사람은 '이 나이에 내가 뭘 새로 시작할 수 있겠어?' 하고 포기하는 순간 늙기 시작한다. 나이를 잊고 뭐든지 해보겠다고 도전하는 사람은 아무리 주름이 깊게 파이고 머리가 하얗게 새었더라도 늙어 보이지 않는다. 꿈은 사람은 젊어 보이게 만드는 마법이기 때문이다.

돈벌이를 떠나면
일이 더 즐거워진다

　은퇴 후에 봉사활동으로 사회활동을 하는 사람이 제법 많은 것 같다. 얼마 전에는 지인 병문안을 갔다가 처방전 발행기 사용을 도와주는 할머니를 본 적이 있다. 어깨에 두른 띠를 보니 자원봉사자라고 써져 있다. 아내가 화장실에 다녀오는 동안 잠깐 서서 그 분은 지켜보았다. 그 분은 환자들이 진단서 발행하는 것을 도와줄 뿐만 아니라 아이 엄마가 수납창구에서 일을 보고 있을 때 아이를 봐주기도 하며 자신의 일을 즐기고 있었다. 곱게 화장을 한 얼굴에는 환한 웃음이 피어 있었고, 몸에서도 건강한 기운이 넘쳐나고 있었다.
　또 지인의 부인 한 사람은 동네 주민센터 도서관에서 사서로 봉사를 하고 있다. 그 부인은 젊었을 때부터 워낙 책을 좋아하고, 대학 때는 서점에서 아르바이트를 한 적도 있다고 했다. 이력이라면 이력일 수도 있고, 아무것도 아니라면 아무것도 아닐 수 있는 자신의 프로필을 갖고 주민센터에 찾아가 자원봉사를 자청한 것이다. 나는 그 부인을 본 적은 없지만 그 분도 분명 병원에서 자원봉사를 하고 있던 그 부인만큼이나 젊어 보이고 명랑한 분일 것이라는 생각이 들었다.

우리 사회에는 봉사의 손길이 필요한 곳이 아직 많다. 시설에서 생활하는 외로운 어린이들이나 노인들의 벗이 되어줄 수도 있고, 병원이나 복지관처럼 아픈 사람들이 많은 곳에서 그들의 잔일을 도와줄 수도 있다. 찾아보면 봉사자를 기다리는 곳은 얼마든지 있다. 자신의 나이와 성별, 취향, 과거 프로필 등을 고려해 적당한 분야를 찾기만 하면 그곳에서 분명 누군가를 돕고 나아가 사회에 보탬이 되는 일을 찾을 수 있을 것이다.

이렇게 돈을 떠나 일을 하는 것은 보람이라는 더 큰 소득으로 보상을 받게 된다. 그것이 진정으로 일하는 즐거움이다. 꼭 돈이 필요해서가 아니라 아직 건강하고 누군가에게 도움이 되고 싶다면 이런 일들을 찾아보는 것이 어떨까.

나는 아이들에게도 지금부터 작은 것이라도 사회에 기여할 수 있는 일이 있는지 찾아보라고 조언하곤 한다. 이런 일을 하다보면 약간의 시간과 비용이 들 수도 있지만 자기 직업에서는 찾을 수 없는 보람과 만족감을 누릴 수 있다. 아무리 작은 도움이라도 그것이 필요한 사람에게 전달되기만 한다면 그 가치는 순식간에 몇 배로 증폭된다.

이런 활동은 정부의 노인복지 정책이 닿을 수 없는 구석진 곳에서 오히려 큰 힘을 발휘한다. 내가 노인이 아니면 알 수 없는 것들, 우리 동네 사람이 아니면 알 수 없는 것들을 지역 봉사자들은 잘 감지해 낸다. 그리고 그들의 작은 배려야말로 우리 사회를 보다 밝게 비춰주는 등불이 된다. 돈을 기부하는 것도 좋은 일이지만 직접 몸을 움직여 자신의 재능을 기부하고 봉사를 하는 것이야말로 즐겁고, 나아가 자녀들에게 실천적인 교훈을 줄 수도 있다.

은퇴준비 2대 포인트, 일과 돈

우리나라 사람들의 은퇴준비는 일과 재무적인 부문이 가장 취약한 것으로 나타났다. 삼성생명 은퇴연구소가 서울대 노년·은퇴설계 지원센터(최현자 교수)와 함께 개발한 「삼성생명 은퇴준비지수」에서 100점 만점에 일이 51.5점, 재무가 51.5점에 그치면서 가장 저조한 점수를 기록했다. 다른 부문의 준비 역시 여가(56.1점), 마음의 안정(57.6점), 가족 및 친구관계(63.7점), 주거(63.8점), 건강(63.9점) 등의 순으로 준비가 부족한 것으로 나타났다. 7가지 영역—일, 재무, 여가, 안정, 가족 및 친구, 주거, 건강—을 모두 합한 은퇴준비지수는 58.3점에 그쳤다.

은퇴준비지수

은퇴준비지수를 분석한 결과 은퇴가 임박한 60대 이상이나 전쟁세대(1937~1954년생)의 준비도가 낮게 나와 앞으로 개선의 여지나 시간이 충분하지 않다는 점에서 문제가 심각한 것으로 판단된다. 연령별로는 40대가, 세대별로는 2차 베이비붐 세대(1964~1974년생)의 은퇴준비지수가 높게 나타났다. 은퇴준비지수와 관련성이 높은 특성은 건강, 소득, 금융자산 및 총자산이었다. 즉 여러 특성 중 건강이 좋을수록, 소득과 금융자산 및 총자산이 많을수록 은퇴준비를 잘하고 있는 것으로 나타났다.

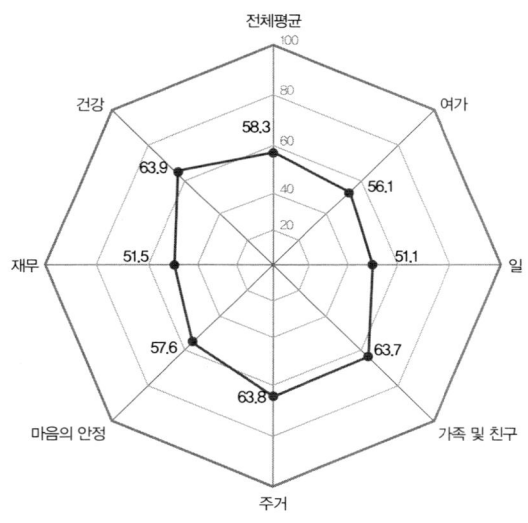

* 은퇴준비지수는 100점 만점을 기준으로 측정한 것이다.

은퇴전망지수

아직 은퇴하지 않은 가계를 대상으로 조사한 은퇴전망지수는 104.6점(200점 만점)으로 나타났다. 우리나라 사람들은 은퇴 후 생활이 현재와 비슷하거나 조금 나아질 것이라고 예상하고 있는 것으로 분석

된다. 하지만 부문별로는 재무(94.8점), 일(93.2점), 건강(93.1점)이 절반 수준인 100 이하로 낮게 나와 이들 부문에 대해서 부정적으로 전망했다. 연령별로는 20대가 가장 높은 반면, 60대는 100 이하로 나와 대체로 젊을수록 은퇴 후 생활을 긍정적으로 전망하고 나이가 들수록 부정적으로 보는 것으로 나타났다. 성별로는 여성에 비해 남성의 은퇴 전망지수가 낮았다.

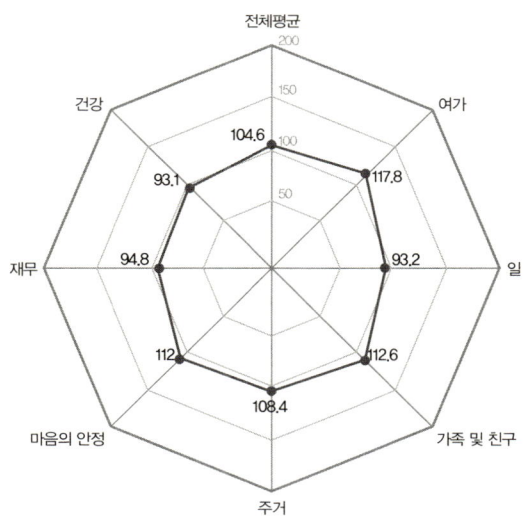

* 은퇴전망지수와 은퇴평가지수는 100을 기준(점수 범위 0~200)으로 100보다 높으면 은퇴 후의 생활을 긍정적으로, 100보다 낮으면 부정적으로 보는 것의 의미한다.

은퇴평가지수

이미 은퇴한 가계를 대상으로 한 은퇴평가지수는 97.9점(200점 만점)으로 은퇴생활에 대한 전반적인 평가에서 은퇴 후 생활이 이전과 비슷하거나 조금 나빠졌다고 평가했다. 은퇴 이전과 비교할 때 여가 부문이 가장 나아졌다고 평가했으며 친구, 주거, 마음의 안정 부문에서 긍정적인 평가를 내렸다. 반면 일과 재무 부문은 현저히 나빠졌다고 밝혔다. 성별은 남성 은퇴자가 여성에 비해 은퇴 이후 더 나빠졌다고 평가했다. 거주 지역별로는 부산, 광주, 대전지역 은퇴자들이 은퇴

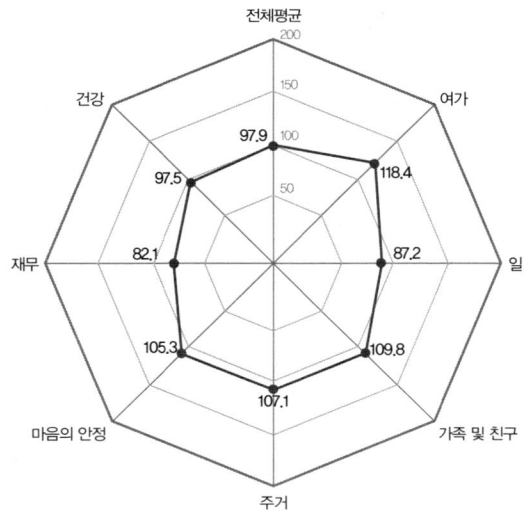

이전과 생활이 비슷하다고 응답한 반면, 서울 및 수도권, 대구지역 은퇴자들은 은퇴 전보다 더 나빠진 것으로 평가했다.

은퇴전망지수와 은퇴평가지수를 비교해보면 전반적으로 전망지수에 비해 평가지수가 낮지만 여가 및 건강 부문은 은퇴 후 평가가 은퇴 전 전망보다 높게 나왔다. 여가와 건강은 예상한 것보다 은퇴 후 만족보다 높은 것으로 풀이된다. 하지만 일과 재무부문은 은퇴평가지수가 은퇴전망지수에 비해 현저히 낮아 은퇴 후 일과 재무 부문의 만족도를 높이기 위한 준비가 시급한 것으로 분석된다.

자료제공 : 삼성생명 은퇴연구소

얼굴에 검버섯이 피고 머리가 하얗게 샜다고 해서
마음까지 늙었다고 착각하면 안 된다.
그 사람의 젊고 늙음은 그 자신이 스스로를
어떻게 생각하느냐에 달려 있다.
젊은 생각으로 자신의 시간을 즐기고 자신을 가꾸고
자신의 인생을 즐긴다면 나이는 중요하지 않다.
나이는 들었어도 여전히 각자의 여성성과 남성성을 간직한 채
하루하루 멋지고 보람 있게 살아가는 사람이야말로
젊은 사람들이 모델로 삼는 명품노인이다.

part
5

시간도 돈도
즐길 줄 알아야
내 것이다

세월이 준
가장 큰 선물은 시간이다

　직장인들이 가장 갖고 싶어 하고, 아쉬워하는 것이 시간일 것이다. 일주일 내내, 하루 종일 회사에서 종종거리며 달려 다니고, 주말에는 아내를 비롯해 부모님에, 아이들까지 비위 맞출 사람이 한둘이 아니다. 일주일 내내 새벽 같이 나가서 한밤중에 들어오는 것이 무슨 중죄라도 지은 양 미안해하며 가족에게 봉사를 하고 나면 일요일 저녁에는 또다시 몸이 폭삭 익은 파김치처럼 늘어지고 만다.
　지금 40대 직장인들 중에 마음 턱 놓고 회사에 다니는 사람은 단 한 사람도 없을 것이다. 어떤 직장이건 안전하다 할 수 없고, 어떤 일이건 편한 자리는 없기 때문이다. 특히 가장들이 안고 있는 심리적인 부담은 말로 설명할 수 없을 만큼 크다. 아이들은 커가고 자기는 늙어가는데 노후에 대한 뚜렷한 대책도 없고, 나갈 돈은 점점 커지기만 한다. 게다가 연일 계속되는 야근에 몸이 녹아나는 것 같다. 옆에서는 "그래도 체력 하나만은 참 좋은 것 같아요!" 하며 짐짓 놀라는 기색을 해보이지만 솔직히 털어놓자면 자기가 어떻게 버티고 있는지 스스로도 모를 지경이다.

그러다 직장에서 잘리기라도 하는 날이면 정말로 암담해지고 만다. 당장의 호구지책부터 아이들 학비에 학원비, 날마다 손 내미는 온갖 재료비, 또 신학기 교복……. 10대 아이를 둔 엄마들 얘기를 들어보면 아이가 하루라도 손을 안 내미는 날이 없다고 한다.

이렇게 하루하루를 보내다 보면 내가 마치 집에 돈 벌어다 주기 위해 사는 사람인가 하는 생각이 들 때가 있다. 실제로 한 후배는 자신이 현금인출기가 된 듯한 기분이 들어 잠시 회의에 젖었던 이야기를 하며 씁쓸한 표정을 지었다. 그러면서 정작 자신은 점심 식비까지 아끼려고 개중에 저렴한 메뉴를 고르고 있다는 것이다.

그는 나에게 "그래도 돈 문제는 괜찮은데, 한 이틀만이라도 제 시간을 좀 갖고 싶어요"라고 말했다. 아무것도 안 하고 휴식을 취하거나 혼자 슬쩍 바다를 보고 오거나 하고 싶다는 것이다. 하지만 내가 아는 한 이 친구는 그 뒤로도 한참 동안 단 하루도 아무 일 없이 혼자서 쉬어본 적이 없었다.

나도 직장생활을 할 때는 가장 아쉬운 것이 시간이었다. 아이들 얼굴은 거의 잠든 모습만 봤고, 아내도 들고날 때 나누는 인사뿐 20분

이상 얼굴 마주하고 앉아서 이야기 나눠본 적 없이 일주일을 보낸 일도 하다했다.

그런데 아이들 다 커서 결혼하고 아내의 머리카락은 반백을 넘어서고 있는데 그제야 시간이 났다. 가장으로서의 역할이 다 끝나고 나니 비로소 나만의 시간이 주어진 것이다. 이러니 남자들이 '대한민국 가장은 집안 식구들 먹여 살리는 머슴'이라고 하는 것이다. 그렇게 한 30년 만에 시간이 났건만 이제는 내 몸이 내 뜻 같지가 않아 울컥울컥 서러움이 밀려온다.

그래도 오랜만에 주어진 시간은 공짜로 받은 선물 같다. 하지만 이 역시 준비가 없으면 순식간에 1, 2년이 흘러가 버린다. 노년의 남아도는 시간이라도 이렇게 보내는 것은 낭비다. 사람이나 돈, 건강, 일만큼 시간도 노년의 삶의 질을 좌우하는 중요한 요소이기 때문이다.

또한 내게 주어진 시간이 얼마나 되는지 아무도 짐작할 수 없다. 그래서 시간은 노년의 불안을 조장하는 중대한 요소 중 하나라고 할 수 있다.

시간을 알뜰하게 보내려면 역시 준비가 필요하다. 노후의 생활 계획을 할 때 중요하게 체크해야 할 사항이 '언제, 어디서, 누구와, 무엇을 할 것이냐'다. 하고 싶은 일이 있거든 언제 할 것인지, 어디서, 누구와 할 것인지 미리미리 구체적으로 정해 두어야 한다. 그러지 않으면 하루하루 무의미하게 흘려보내기 십상이다.

특히 언제 할 것인지 시간을 명확하게 정해두지 않으면 어떤 일이건 실천하기 어렵다. 수십 년 간 해온 시간관리라는 게 사실은 회사에 종속된 시간 안에서, 누군가 정해준 틀 안에서 운용해 온 것이 전부이기 때문이다. 여기에 더해 그것을 즐길 줄 아는 멋, 바로 행동력이 있어야 노년을 계획대로 즐겁게 보낼 수 있다. 남아도는 게 시간이라고 허투루 생각하지 말고, 미리미리 계획하고 계획한 대로 실천해 나가야 한다. 그것이 노후의 시간을 자신의 것으로 만드는 방법이다.

그저 재미로 하는 일 좀
해도 괜찮다

나는 나이 들어서 은퇴를 하고 나면 가장 하고 싶은 일이 마음껏 책을 읽는 것이었다. 직장생활 할 때야 여기저기서 책읽기의 중요성을 강조하긴 했지만 정작 책 읽을 시간을 만들기는 쉽지 않은 일이었다. 게다가 책을 읽는다 해도 일에 필요한 책, 자기계발에 필요한 책을 공부하듯이 읽은 것이 전부였다. 하지만 내가 원하는 독서는 즐거움을 위한 책읽기였다. 재미난 소설도 읽어보고 싶고, 녹슨 감성을 일깨워주는 에세이도 읽어보고 싶었다.

또 새 영화가 나올 때마다 아내와 함께 찾아가서 보고, 어디서 볼 만한 전시회가 있다고 하면 그것도 챙겨서 둘러보고 싶었다. 하지만 젊어서는 항상 일에 쫓기고, 어쩌다 주말에 시간이 나도 쉬고 싶은 마음이 앞서서 도로 이불 속으로 파고들곤 했다.

시간이란 원래 기력이 쇠하고 열정도 가물가물할 때 주어지는 것인지도 모른다. 그래서 나는 은퇴 후에는 정말로 하고 싶은 일을 해보기로 결심을 했다. 그것이 앞에서 얘기했던 설악산 대청봉 50번 등반이었다. 이 목표치만 달성하려 해도 1년이 어떻게 가는지 모른다. 대부분의 사람들은 내가 '대청봉 50번 등반'이라고 하면 "와!" 하며 놀라는 기색을 보이지만 나는 지난 10년간 이 목표를 성실하게 달성해 오고 있다. 여기에 더해 백두대간 종주까지 하고 있으니 성과측정으로 보면 초과달성인 셈이다.

이런 일을 누가 시킨다 한들 할 수 있겠는가. 억지로 하려면 그 얼마나 고된 중노동인가. 하지만 내가 스스로 선택한 일이니 기꺼이 하는 것이다. 자신과의 약속을 지키며 자연의 아름다움 속에서 운동을 하며 시간을 보내는 것은 더할 나위 없이 즐거운 일이다.

젊었을 때는 그저 놀이거리로 소일을 해본 적이 거의 없다. 그나마 수석이 취미라면 유일한 취미였다. 하지만 그나마 아내의 건강 회복을 위해 운동 삼아 다닌 날이 더 많았다.

내가 수석에 관심을 갖기 시작한 것은 상공부 과장 시절, 아프리카 케냐 대사관에 상무관으로 나가 있다 돌아온 직후였다. 시기적으로는 81년, 전두환 전 대통령이 정권을 잡은 지 얼마 안 된 시점이었다. 당시 정부는 강도 높은 조직쇄신을 단행했다. 8개국의 대사관에서 상무관을 불러들이고, 상공부만 해도 과장 자리가 15개나 줄어들었다. 케냐 대사관도 상무관 자리가 없어지면서 귀국을 하게 된 것이다.

갑자기 불려 들어온 나는 한동안 보직이 없었다. 갈 데도 없고 할 일도 없었다. 그렇다고 해서 새파란 과장을 퇴직시킬 수 없으니 연구관이라는 애매한 자리를 만들어 발령을 낸 것이다. 그게 상공부 1세대 연구관이다.

나는 한동안 마음을 잡지 못했다. 그것을 눈치 챘는지 1년 선배 중 한 분이 "내가 수석을 좋아하는데, 서 과장도 같이 한번 나가볼래요?" 하는 것이었다. 나는 수석이 뭔지도 모르고 관심도 없었지만 선배가 그냥 바람 쐬러 나가는 것이라고 해서 답답한 마음이나 달래보자며 따라다니기 시작했다. 그러다 어느 순간 돌의 매력에 눈이 뜨이며 취미가 붙기 시작했다. 아프리카 뙤약볕만 받다가 풍광 좋은 강가를 걷다 보니 탐석도 제법 매력 있는 일이라는 생각이 들었다.

그래서 나중에는 아내와 함께 탐석을 다니기 시작했다. 아내야말로 그런 곳에서 걷는 것이 가장 좋은 운동이 될 터였다. 늦게 배운 도둑이 날 새는 줄 모른다고, 나중에는 내가 직접 나서서 상공부 수석회까지 만들었다. 또 국장 시절에는 상공부 수석회 회장을 맡아서 했을 정도로 돌에 심취했다.

우리가 만나는 모든 돌은 세상에 단 하나밖에 없는 것이다. 그래서 그것이 어디에 박혔다 굴러 나온 돌이건 귀하지 않은 것이 없다. 하지만 '일생일석一生一石'이라고 평생 동안 참다운 명석은 한 점밖에 구할 수 없다고 한다. 그 말에 담긴 뜻이 하도 예뻐서 내 호를 '일석一石'으로 삼았을 정도다. '일석'은 우리말로 하면 '한 돌멩이'다. 평생 동안 후회 스럽지 않게 보고 싶은 돌 하나 얻고 싶다는 뜻이지만 누가 물으면 그냥 "너는 발길로 차라. 나는 어디 가서건 박히면 그만이다" 하며 웃어 넘기곤 한다.

내가 일생일석을 찾아 헤맸던 것처럼 사람은 누구나 남은 일생을 바쳐서 해도 즐거운 일 하나쯤은 있게 마련이다. 단지 즐기기 위해 하는 취미나 놀이라고 해서 죄책감을 가질 필요는 없다. 평생 생산적인 일만 하며 살았으니 노년의 일부는 자신을 위해 소모적인 일 좀 한다 한들 누구 하나 탓할 사람도 없다. 이렇게 힘 쭉 빼고 생각 없이 몰입해서 즐길 수 있는 일이 있으면 노후를 보다 풍요롭게 보낼 수 있다.

하지만 이 역시 평생 생각도 안 해보다가 은퇴 종이 '땡!' 울리자마자 시작할 수 있는 게 아니다. 일만큼이나 노는 것도 준비가 필요하고 연습이 필요하다. 나이 들어서 관절 뻑뻑해진 뒤에야 "잘못 살았네", "가족들에게 서운하네" 할 게 아니라 젊어서부터 시간을 쪼개 자신의 즐거움을 찾아야 한다.

서양 속담에 '놀지 않고 일만 하면 바보가 된다'고 했다. 근면성실하게 일하는 것이야 당연한 미덕이지만 자신에게 휴식과 즐거움을 선물하는 것도 자기계발 못지않게 중요한 일이라는 것을 잊어서는 안 된다.

세상 사람들은
생각보다 내게 관심 없다

　내가 자라던 시절과 갓 40줄에 들어선 우리 아들이 자란 세상은 완전히 다르다. 손자손녀가 살아갈 세상은 또 저희 아버지 세대와도 완전히 다를 것이다. 한 30년 사이에 세상은 모든 방면에서 완전히 달라졌다. 크게 얘기하자면 행복의 기준이 완전히 다른 것이 되었다. 행복은 본디 자기만족의 성격이 강해서 누가 뭐라고 하건 스스로 만족하고 즐거우면 그만인 것이다.

　내 기준으로 얘기하자면 지금의 환경은 "배부르고 등 뜨신데 불행할 일이 뭐가 있어?" 하게 될 것이고, 요즘 아이들의 기준으로 말하자면 "내 친구들은 다 초등학교 때부터 어학연수에 조기유학 갔다 왔단 말예요!" 하며 자신의 처지를 비관하며 불행을 얘기할 수도 있을 것이다. 이렇게 나보다 좋은 조건의 사람들을 쳐다보며 비교를 하기 시작하면 행복은 이내 멀어지고 불행이 그 자리를 차지해버린다.

나는 아이들을 키우면서도 남의 아이와 비교해 본 적이 없다. 우리 아이는 우리 아이만의 개성과 재능이 있으니 남의 아이는 돌아볼 것도 없이 우리 아이 나름대로 키우면 된다고 생각한 것이다. 모든 아이들은 다른 아이들보다 더 뛰어난 부분이 있고 또 뒤처지는 부분도 있다. 성격적으로 싫어하는 일도 있고, 좋아하는 일도 있다. 이런 것들을 배려하지 않고 다른 아이의 틀에 우리 아이를 갖다 넣고 평가하면 될 일도 안 된다.

선진국일수록 상대적 박탈감이나 빈곤감이 심하다. 우리나라도 지금 양극화가 점점 심각해지고 있다고들 우려를 하는데, 이 역시 스스로 만든 게 아닐까 싶을 때가 많다. 자기 상황을 있는 그대로 즐길 줄 아는 사람은 행복하지만 항상 가지지 못한 것만 아쉬워하며 탄식하는 사람은 불행할 수밖에 없다.

해마다 행복지수가 발표될 때 보면 생각지도 못한 나라들이 상위에 랭크되는 것을 보곤 한다. 국민총생산도 얼마 안 되고 교육이나 생활수준도 낮은 그런 나라 말이다. 하지만 그들은 자기 문화에 대한 자부심을 갖고 있고, 누가 뭐래도 자신의 인생을 자유롭게 즐기면서 산다. 그것이 바로 행복의 가장 중요한 요건인 것이다. '자유롭게 인생을 즐기면서 하고 싶은 일을 하면서 산다' 이것만큼 멋진 일이 또 어디 있겠는가.

그런데 우리나라는 좀 심각한 수준이다. OECD 34개 국가의 행복 지수를 순위별로 살펴보면 덴마크, 오스트레일리아, 노르웨이가 차례로 상위에 랭크되어 있고, 민망하게도 우리나라 32위에 랭크되어 있다. 34개국 중에서 32위라니, 이건 숫제 불행하다고 세계 곳곳에 떠들고 다니는 꼴이다.

우리도 자유롭게 인생을 즐기면서 하고 싶은 일을 하면서 살아보면 어떨까? 유교적 가치관 속에서 자란 우리는 무언가 즐기는 일로 시간을 보내는 것을 부도덕한 일로 폄하하고, 남의 시선 의식하느라고 하고 싶은 일이 있어도 꾹 참고 살아간다. 내가 이런 말이나 행동을 하면 주변 사람들이 어떤 반응을 보일까, 사람들이 나를 어떻게 생각할까 염려하느라 아무것도 못하고 마는 것이다.

하지만 그건 착각일 뿐이다. 가족, 지인들, 그리고 길 가다 우연히 스쳐 지나가는 사람들까지, 내가 생각하는 것만큼 내게 관심 있는 사람은 없다. 현대인들은 너나 할 것 없이 다들 바빠서 누군가를 관심 있게 들여다볼 시간도 없고 마음도 없는 것이다. 자신을 돌아보면 쉽게 알 수 있다. 나는 누군가의 인생을 얼마나 관심 있게 들여다본 적 있는가. 선뜻 대답하기 어려울 것이다.

결국은 자신이 스스로 의식을 하기 때문에 주변 사람들의 눈치가 보여 조심스러운 것뿐이라는 얘기다. 괜히 혼자서 힘들어 하는 것이다. 눈치 주는 사람은 아무도 없는데 눈치 보는 사람은 도처에 깔려 있는 아이러니다. 이런 착각 때문에 하고 싶은 일을 지레 포기하고 살아왔다고 생각하면 어이가 없어 웃음밖에 안 나온다.

앞으로는 좀 더 내 생각대로, 남의 시선 의식하지 않고 자유롭게 살아보면 어떨까? 어릴 때 가정교육을 잘 받고 자란 사람일수록 양보를 잘 하고, 자기가 하고 싶은 것을 많이 참는다. 그러다 보면 결과적으로 자신이 정작 하고 싶은 일은 못하고 사는 경우가 많다. 이제 나이도 점점 들어가고, 뭘 해도 어른들에게 크게 야단맞을 일은 없을 성싶다. 그리고 불행인지 다행인지 나이가 들어갈수록 그나마 있던 사람들의 관심과 간섭도 줄어든다. 이제는 더 이상 남의 눈치 보지 말고 조금 더 편하게 살아보자.

삼시세끼 집밥 먹는 것이
가장 큰 즐거움?

평생 직장생활을 하느라 식당 밥만 먹다가 집에서 밥을 먹으면 반찬 하나 없어도 그렇게 맛있을 수가 없다. 말 그대로 밥맛으로 밥을 먹는다. 하지만 아내들에게는 하루 세끼 남편 밥 차려주는 게 그렇게 큰 고역인가 보다.

이 우스갯소리가 언제 어디서 시작됐는지는 모르겠지만 내가 들은 지도 제법 오래되었으니 그동안 은퇴한 남자들이 집에서 어떤 대우를 받고 있었는지 짐작이 돼 착잡하다.

집에서 한 끼도 안 먹으면 영식 님, 한 끼를 먹으면 일식 씨, 두 끼를 먹으면 이식이, 삼시세끼 다 찾아 먹으면 삼식새끼, 간식까지 달라 하면 간나새끼라 한다. 남자라면 최소한 '씨' 소리는 들어야 하니 딱히 출근할 곳이 없어도 아침 차려주면 감사히 먹고 집을 나서야 한다. 하지만 준비가 안 된 사람은 갈 곳이 없다. 산이나 슬렁슬렁 올라갔다가 해가 기울면 집으로 들어온다. 그렇게 점심 한 끼만 밖에서 해결해도 '새끼' 소리는 안 들을 수 있으니 다행이라고 자위하면서 말이다.

우스갯소리 하나 더 해보자. 아내가 50년 만에 여고 동창회에 간다고 해서 남편이 비싼 핸드백을 사주었다. 아내는 기분 좋게 콧노래를 부르며 모임에 나갔다. 남편은 내심 아내가 친구들 앞에서 핸드백 자랑을 하면서 남편 위신 좀 세워 줬으려니 하고 기다렸다. 그런데 저녁 때 돌아온 아내는 새 핸드백을 소파에 집어던지며 볼멘소리를 했다. "영감 살아 있는 게 나밖에 없어!"

이런 이야기가 얼마나 극적으로 과장되었는지는 잘 모르겠다. 하지만 이중 일정 비율은 분명 현실을 반영하고 있는 것일 게다. 그래서 이런 이야기를 듣게 되면 나도 모르게 아내의 기색을 슬쩍 살피게 된다. 내가 넥타이 매고 출근할 때면 유난히 멋있다는 칭찬을 쏟아 부으며 즐겁게 배웅을 하는 게 왠지 심상치가 않다.

게다가 요즘은 전에 없이 "요즘 누가 나이 65세 넘어서 밥 때 되었다고, 남편 밥 차려줘야 한다고 집에 들어가요? 나 말고 그런 노인네 있으면 나와 보라고 하세요! 눈 씻고 찾아봐도 찾아볼 수가 없다니까요!" 한다. 그런 얘기를 들을 때마다 한편으로는 미안한 마음이 들기도 한다. 마음 같아서는 "앞으로는 내가 알아서 밥 차려 먹을게" 하고 싶은데, 행동은커녕 말도 잘 안 떨어진다.

우리 집사람처럼 남편한테 지극정성을 다하는 사람도 드물 것이다. 하물며 그런 사람조차 저런 얘기를 하니 앞에서 한 우스갯소리가 빈말만은 아닌 듯싶다.

남자는 일단 아침밥 먹고 나면 집을 나가야 한다. 그래야 집안이 편안하다. 집에 있어봐야 아내와 투닥거리는 일밖에 더 없다. 돈을 벌러 나가든 돈을 쓰러 나가든 남자는 밖으로 나가야지, 집안에서 미적거리는 것 자체가 문제인 것이다.

그런데 딱히 갈 곳도 없고, 오라는 곳도 없으면 날마다 밖에서 시간 때우는 일도 보통 일이 아니다. 그러니 어떤 일이건 일을 만들어 두어야 한다. 멀끔하게 양복 차려입고 공원이나 배회하다 들어가지 않으려면 일찌감치 무대를 만들어 두어야 한다. 세상에는 집에서 삼시 세끼 밥 챙겨먹는 것보다 즐거운 일이 얼마든지 있다.

검소한 사람의
구두도 닳는다

　지난겨울에 한 후배가 "선배님, 코트가 좋아 보이십니다. 색도 은은하니 좋고요" 하며 내가 입고 있는 코트에 대해 조심스럽게 말을 꺼냈다. 그 코트는 내가 18년째 겨울마다 애용하고 있는 코트였다. 그렇다고 해서 값비싼 명품이냐 하면 그렇지도 않다. 1995년 중국에서 귀국하면서 캐시미어 원단이 하도 싸기에 사와서 태평로에 있는 양복점에 가서 코트를 만들었다.

　그 얘기를 들은 후배는 깜짝 놀라 눈을 동그랗게 떴다. 내가 "뭘 그렇게 놀라? 이 양복도 8년이 넘은 것 같은데!" 했더니 후배는 그냥 조용히 입을 다물었다. 어쩌면 그는 나를 지독한 구두쇠라고 생각했을지도 모른다. 하지만 나는 굳이 멀쩡한 코트를 두고 또 코트를 사는 사람들이 이상하다. 겨울 코트라는 게 가볍고 따뜻하면 됐지, 무슨 코트가 그렇게 여러 벌 필요한지 모르겠다.

나는 자연주의자다. 있는 그대로를 드러내고 싶지, 잘 보이기 위해서 멋 내고 꾸미는 것은 영 나와는 맞지 않는다. 사람 성격이 어디 가겠는가, 내 스타일도 성격과 똑같이 꼬장꼬장하다. 옷도 좀체 사는 법이 없다. 아내나 아이들이 억지로 사다 안기면 그제야 못 이기는 척 받아 입지만 내가 먼저 뭘 사달라고 한 적도 없고, 내 손으로 사본 적도 없으니까 말이다.

그런데 이게 단순히 절약하느라고 그러냐 하면, 그건 아니다. 오로지 아끼려고 그러기만 했다면 그 스트레스를 어떻게 감당했겠는가. 나는 실제로 옷 잘 입는 일에 별 관심이 없었고, 한번 사면 못 입게 될 때까지 아껴가며 입었다. 내게는 그게 당연한 일이었던 것뿐이다. 아마도 성장기를 가난하게 보내면서 몸에 밴 습성이 아닐까 싶다.

아내도 40년을 같이 살다 보니 날 닮아 가는지 영 꾸밀 줄을 모른다. 부부동반으로 어디 나갈 일이 있을 때나 남편 체면 세워준다고 미장원에 갔다 오지, 평소에는 거의 미장원 가는 일이 없는 것 같다. 아내는 여태 흰머리 염색을 해본 적도 없다. 염색 안 하기는 나도 마찬가진데, 건강에도 안 좋은 일을 굳이 돈 들여가며 할 필요가 있을까 싶다. 아내는 흰머리가 나보다 많은데도 서로 염색을 안 하니 그냥 그러려니 하며 산다.

늙으면 머리가 새는 것이야 당연한 이치인데, 뭘 또 그걸 갖고 신경 쓰는지 모르겠다. 게다가 아내는 피부가 고와서 흰머리가 얼굴을 더욱 돋보이게 만들어주는 것 같다. 자연스러운 것보다 더 보기 좋은 게 어디 있겠는가. 자연이 주는 대로, 세월이 주는 대로 받아들이는 게 가장 좋을 성싶다.

그런데 그렇게 검소하던 아내도 최근 들어 웬일인지 "당신도 맨날 입던 옷만 입지 말고 이제 옷 좀 사 입으세요" 한다. 물론 나도 좋은 옷 입으면 보기도 좋고 몸도 편하다는 걸 알지만 어쩐지 옷이란 게 본질을 가리는 가식이라는 생각이 들어 욕심이 나질 않는다. 내가 들은 척도 안 하니 잠시 물러서는가 싶더니 "지민이한테 잘 보이고 싶지 않으세요? 애들도 다 보는 눈이 있어서 좋은 옷 입은 사람을 더 좋아한다고요!" 하며 손녀 이름까지 들먹인다.

나는 결국 요즘은 애기들도 좋은 옷 입고 깔끔한 사람을 좋아하지, 할아버지 냄새 나면 싫어한다는 말에 못 이기는 척 아내 뒤를 따라나섰다. 나도 어쩔 수 없는 할아버지인지라 손녀가 싫어할 수도 있다는 얘기에는 귀를 닫고 있을 수가 없었던 것이다.

자식들 키우다 보면 자식들에게는 제일 좋은 것만 퍼주지만 부모 자신은 챙기지 못한다. 우리 세대 사람들은 대부분 그럴 만한 여유도 없이 살았다. 어쨌거나 늙을수록 입성도 좋아야 한대서 모처럼 아내랑 쇼핑을 하고 돌아오니 그럭저럭 기분이 괜찮았다. 특히 아내는 감각이 좋고 센스가 있어서 그 사람이 골라주는 대로만 입으면 사람이 한결 나아 보인다.

나는 아직도 멋을 부리거나 잘 차려입어서 남들에게 멋지게 보이고 싶은 마음은 없다. 다만 검소한 것과 궁상맞은 것은 구별해야 아내를 욕 먹이지 않겠다 싶은 생각은 든다. '젊어서야 피부도 깨끗하고 혈색도 좋으니 뭘 입어도 그럭저럭 봐줄만 하지만 나이가 들면 얼굴에 주름이나 잡티도 많아지고, 혈색도 나빠지는데다 머리도 희끗희끗해지니 옷이라도 환하게 입어야 사람이 추레해 보이지 않는다'는 아내의 뜻을 받아 어쨌거나 앞으로는 시키는 대로 해볼 생각이다.

옛말에 '입은 거지는 얻어먹어도 벗은 거지는 못 얻어먹는다'고 했다. 사람은 어떤 일을 하건 입성이 중요하다는 얘기다. 옷뿐만이 아니라 때맞춰 이발하는 거며 구두 닦는 거며, 안경이나 돋보기 같은 것들도 항상 깔끔하게, 나아가 남 보기에 좋게 하는 것이 좋을 성싶다. 나는 옷을 가식이라고 생각했는데, 요즘은 옷이 오히려 자신의 정체성을 드러내는 도구로 활용된다고 한다.

이제야 그런 얘기를 듣고 보니 평생 패션이라는 개념 자체를 안 갖고 살아온 점이 아쉽기도 하다. 아무리 검소하게 산다 해도 구두 굽은 닳게 마련이다. 산뜻하게 입으면 주변 사람들도 좋아하고, 새 옷이 주는 즐거움도 있으니 나에게 너무 인색하게 굴지 말고 가끔은 새 옷도 사 입어야겠다.

눈에 보이는 것에 집착하지 않되 다른 사람들에게 좋은 인상을 심어줄 수 있을 정도로만 연출한다면 나이 들어서 추레해 보인다거나 고리타분한 할아버지 냄새난다는 소리는 안 들을 것 같다. 몸에 잘 맞고

격식에 맞게, 자신의 얼굴과 몸에 잘 맞는 옷으로 깔끔하게 차려입으면 그걸로 족하다.

이제는 옷도 커뮤니케이션의 도구라고 한다. 아내의 말처럼 나이가 들면 더 이상 얼굴로 안 되니 옷이라도 갖춰 입는 게 나을 성싶다. 옷은 나를 위한 것인 동시에 주변 사람들을 위한 것이기 때문이다. 내 옷이지만 나보다 다른 사람들이 더 많이 보고 또한 영향을 받게 되는 것이다.

결혼은 서로의 다름을
즐기는 것이다

나는 1972년 3월 25일에 아내와 결혼을 했다. 벌써 40년을 넘게 함께 살아왔으니 벗 중에도 이런 벗이 또 있을까. 작년에는 결혼40주년을 맞이해 아내와 여행을 다녀왔다. 우리 부부가 평소에 좋아하는 경주에 다녀왔는데, 내가 직접 운전을 하고 왔다 갔다 했더니 몹시 피곤했다. 그런데 아내는 아내대로 또 스트레스를 받았는지 "정말 다시는 당신 차 안 탈 거예요!" 하는 게 아닌가.

경주에서까지는 아주 좋았다. 따뜻한 봄볕을 받으며 첨성대 앞을 걷기도 하고 천마총 앞 벤치에 앉아 한참 동안이나 옛날 얘기를 나누기도 했다. 문제는 돌아오는 길에 생겼다. 내가 운전습관이 좀 과격한 편이다. 도로상에서 누군가 매너 없이 굴거나 무리하게 운전을 하는 것을 보면 보아 넘기지를 못한다.

그런데 경주에서 돌아오는 길에 옆 차선에 있던 차 한 대가 슬금슬금 내 앞으로 끼어들더니 기어이 갓길로 들어서는 것이었다. 막히는 차선으로는 더 이상 못 가겠다는 뜻이다. 나는 순간 이 차가 괘씸한 생각이 들었다. 나는 그를 뒤따라가 바로 그 앞에 차를 들이밀었다. 아내는 새파랗게 질렸다. 그런 식으로 시비를 걸었다가 그 차가 일부러 뒤에서 들이받고 오히려 적반하장으로 나오면 어쩔 거냐는 얘기다.

하지만 나는 누군가는 그 역할을 해야 한다고 생각한다. 그 차가 자기 편리를 위해 질서를 흐트러뜨리는 것을 두고 보기만 하면 도대체 질서는 누가, 언제 지키겠는가. 그리고 도로가 막히는 것도 알고 보면 거의 그런 차들 때문이다. 질서를 지키면 오히려 편하고 빨라지는 것을 사람들이 왜 모르고 욕심을 부리다 사고를 부르는지 모르겠다.

어쨌거나 경주여행은 사고 없이 잘 다녀왔지만 그 뒤로 아내는 내가 장거리 운전을 할 때마다 잔소리를 해댄다. 이런 일이 있을 때마다 "나는 당신하고 달라. 그걸 어쩔 거요? 40년 넘게 살았으면 이제 나에 대해 다 알 거 아냐? 그러니 그만 나를 내버려둬요" 하고 만다.

얘기를 듣자니 이런 식의 의견차이나 성격차이로 싸우다 늘그막에 헤어지는 사람이 적지 않다고 한다. 2013년 4월에 나온 통계청 자료에 따르면 결혼 20년차 이상 부부의 황혼이혼 비율이 결혼 4년 이하 신혼부부의 이혼비율을 넘어섰다고 한다. 전체 이혼인구 가운데 황혼이혼이 차지하는 비율이 무려 26.4퍼센트나 된다는 것을 알고 깜짝 놀랐다.

　요즘 사람들은 서로의 다름 때문에 힘들어하는 것 같다. 서로가 자기주장을 앞세우며 양보하지 않고, 상대방의 다름은 인정하지 않으니 갈등이 생기는 것이다. 여기에는 신혼이나 황혼이나 차이가 없다.

　게다가 요즘은 나이 마흔이 넘어도 결혼을 안 하거나 결혼을 해도 아이를 안 갖는 가정이 많다고 한다. 남녀 가릴 것 없이 다들 일이 바쁘고 자기 생활을 소중하게 생각하다 보니 결혼이나 아이를 미루는 경향도 강해지고 있다. 더불어 아이가 없는 편안한 생활을 더 오래 즐기고 싶다는 사람도 많다. 결혼이나 출산은 구속이라고 여겨서 꺼리는 것이다.

　하지만 생각의 틀을 바꾸면 결혼이나 출산도 충분히 즐길 수 있고, 즐거운 일로 받아들일 수 있다. 성경 어느 구절에도 결혼에 대해 얘기하면서 '엔조이enjoy'라는 단어를 사용하고 있다고 한다. 내가 성경을 잘 몰라서 아직 찾아보지는 못했지만 그때보다는 오히려 지금의 상황에 맞는 표현이 아닌가 싶다.

　남녀가 만나서 사랑을 하고 가정을 이루는 일은 즐거운 일이다. 서로 다른 환경에서 자란 사람들이 만나서 새로운 문화를 만나고, 두 사람의 차이를 통해 새로움을 발견하며 그 다름을 즐기는 것, 그것이 결혼이다. 남자와 여자는 태생부터가 다르다. 그러니 그 다름을 관찰하다 보면 예상치 못했던 즐거움을 발견하고 거기서 즐거움을 느낄 일이 많아진다.

남자와 여자가 만나 서로 사랑을 하고 부부의 연을 맺으면 젊어서는 몸으로 즐기고, 중년이 되면 감성적, 정서적으로 즐긴다. 늙어서 감성도 정서도 메마르면 영적으로 서로를 느끼며 행복을 맛본다. 그것이 행복이고, 결혼으로 완성되는 사랑의 진정한 모습이 아닐까?

백두대간이
내게 말해준 것들

대학원 공부에 이은 나의 두 번째 버킷리스트는 백두대간 종주였다. 평소 산에 자주 오르지만 백두대간 종주를 결심하기까지는 적잖은 고민의 시간이 있었다. 하지만 일단 욕심이 생기고 나니 포기할 수가 없었다. 나는 일단 산악회에 들기로 했다. 그게 혼자서는 못할 일이었기 때문이다.

처음에 나는 우연히 알게 된 '자유인 산악회'의 백두대간 종주대에 들어갔다. 거기서 연습도 할 겸 대원들 체력도 점검할 겸 지리산 성삼재에서 여원재까지 12시간 무박코스에 도전했는데, 실제로 해보니 체력이 한참 모자랐다. 이대로는 안 되겠다 싶어 난이도가 더 낮은 코스를 찾아 나섰다.

그러다가 지인의 소개로 알게 된 것이 지금 함께 산에 오르고 있는 '28인승 산악클럽'이다. 이 산악회는 7~8시간 정도가 소요되는 토요일 당일 코스를 찾아다니는 모임이다. 여기서는 연습 삼아 세 번을 나갔는데, 이번에는 선두 그룹의 젊은 사람들과 1시간 이상 벌어지지 않았다. 그새 체력이 좀 는 것이다.

이 정도면 되겠다 싶어 바로 그 다음 달 후배와 함께 백두대간 종주대에 도전장을 내밀었다. 2011년 6월 중순, 지리산 천왕봉에서 출발해 2013년 7월, 진부령에서 끝나는 코스에 합류한 것이다. '28인승 산악클럽'에서는 백두대간 종주 길을 총 51구간으로 나눠 걷는다. 매달 첫 번째 토요일과 세 번째 토요일, 한 달에 두 번을 나가는데, 종종 '금요 무박'으로 진행되기도 한다.

이 나이에 무박산행이라니, 남이 시켜서 하는 일이면 절대 못할 짓이다. 밤차를 타고 내려가 하루 종일 산에 오르고 다시 돌아와 출근을 하고……. 무박2일 등산여행은 참 고단한 일이다.

그런데도 벌써 1년 반, 시시때때로 변해가는 산길을 걸으며 느끼는 소회는 그때마다 남다르다. 새순이 돋기 시작하는 봄날에는 숨이 턱까지 차올라도 상쾌하기만 하고, 체감기온 영하 23도의 날씨에 허벅지까지 쌓인 눈길을 걷던 날은 금방이라도 눈물이 쏟아질 것처럼 힘들기도 했다. 하지만 이 나이에 백두대간 종주를 할 수 있는 체력과 다리가 있으니 얼마나 감사한 일인가.

백두대간은 우리국토의 뼈대로, 백두산에서 시작해 금강산, 설악산을 거쳐 지리산에 이르는 한반도의 중심 산줄기다. 남북한을 합쳐 그 길이만 1,400킬로미터에 이른다. '28인승 산악클럽'의 자료에 의하면 남한으로만 따지면 지리산 천왕봉에서 시작해 진부령에서 끝나는 735킬로미터 길이고, 나들머리까지 합치면 857킬로미터 정도 된다. 산에 오르는 사람치고 우리나라에서 이 코스를 밟아보고 싶지 않은 사람은 없을 것이다.

백두대간 길을 걷는 것은 일종의 행선行禪과도 같다. 대간 길 정상 능선을 들어서는 순간 모든 잡념이 사라지기 때문이다. 오직 가슴 속의 화두 하나를 가지고 목적지까지 계속해서 걸어 나가는 것이다. 나무, 새, 바람의 소리와 맑고 깨끗한 공기, 눈앞에 펼쳐지는 아름다운 경치까지 이곳의 자연은 세속에 얽매이는 것을 거부한다. 그래서 종주가 없는 주말은 마치 무엇인가가 빠진 듯 허전한 느낌이 들 정도다.

나이가 들면 새로운 일에 도전을 하는 것 자체를 꺼리게 된다. 물리적으로 힘든 일은 물론, 굳이 하지 않아도 되는 일은 피해가고 싶다. 물론 여가활동이야 자신의 취향과 체력, 상황에 맞춰서 해야 하는 것이다. 하지만 좀 더 용기가 필요한 것, 좀 더 도전정신이 필요한 일을 해보면 거기서 느끼는 성취감이 엄청나다.

생활을 더욱 풍요롭게 만들어주는 3가지 포인트

POINT 1 • 돈 중심의 은퇴준비에서 벗어나기

금융기관 마케팅의 부작용

최근 금융기관들이 은퇴준비 관련 금융상품들을 대거 출시하면서, 일반인들을 상대로 '10억 원 규모의 은퇴자금'을 준비하라는 마케팅을 벌이고 있다. 이 때문에 저축액이 많지 않은 서민과 중산층이 큰 스트레스에 시달리고 있다. 30~40년간의 노후생활에는 많은 돈이 필요하지만 10억 원은 과장된 금액이며 은퇴 시점에서 그만한 거액을 모두 마련할 필요도 없다.

재무적 준비와 비재무적 준비의 균형

은퇴생활의 행복이 돈의 많고 적음에 따라 좌우되는 것은 아니다. 재무적 준비를 지나치게 강조하는 금융기관들의 은퇴모델은 바람직하지 않다. 돈을 적게 쓰는 취미생활을 개발하고, 새로운 공부를 시작하는 평생학습과 자원봉사 등에 참여하면 돈을 쓰지 않고도 보람찬 은퇴생활을 얼마든지 할 수 있다. 재무적 준비와 비재무적 준비간의 균형이 중요하다.

장수시대에 중요해지는 헬스테크

100세를 사는 장수의 축복을 누리려면 노년의 건강을 대비하는 적극적인 헬스테크Health-Tech(건강관리)가 필요하다. 재테크로 모아뒀던 돈도 중병에 걸리기라도 하면 한순간 지갑에서 나가버린다. 젊은 나이에 연금이나 보험에 가입해야 보험료가 싸듯 헬스테크도 가능한 한 일찍, 30대부터 시작해야 효과가 극대화된다. 특히 나이가 많으면 많을수록 건강을 원래 상태로 회복시키기가 어려우므로 40~50대 중장년들은 즉각 건강관리를 시작해야 한다.

POINT 2 • 눈높이 한 단계 낮추기

안분자족의 은퇴생활

노후에는 현역시절의 사고방식과 생활 습관에서 하루빨리 벗어나야 한다. 은퇴기에 들어서면 고정소득이 사라지므로, 옛날과 같은 생활 수준을 계속 유지할 수 없기 때문이다. 눈높이를 한 단계 낮춰 생활하면 마음도 편하고, 새로운 일을 찾는 것도 쉬워진다. 욕심을 버리고 현재의 삶에 만족하는 자세를 갖는 게 행복한 은퇴생활을 하는 첩경이다.

자가용 승용차 버리기

은퇴 후에 자가용 승용차만 타지 않아도 월 30~60만 원의 비용(차량 구입비, 보험료, 휘발유 값)을 절약할 수 있다. 자동차를 보유하고 있으면, 별로 타지 않는다 해도 매달 수십만 원의 고정비가 나간다. 대중교통수단을 이용함으로써 절약하게 되는 여유자금을 취미생활에 사용하면 훨씬 알찬 은퇴생활을 할 수 있다.

낮은 자세로 재취업에 임하기

노후자금을 충분히 모아두지 못한 상태에서 퇴직한 50~60대는 생계비를 벌 수 있는 일자리를 찾아나서야 한다. 이런 경우는 희망업종과 연봉을 선택할 때 '눈높이'를 크게 낮출 필요가 있다. 화려했던 지난날은 빨리 잊어버리고 단순직이라도 마다하지 않겠다는 도전의식을 가져야 한다. 비록 적은 돈이라도 일을 계속하는 것이 건강에도 도움이 되고, '노인이 되어가고 있다'는 의식을 떨쳐버릴 수 있기 때문이다.

POINT 3 • 지역공동체의 활성화

공동체 사회활동과 액티브 에이징 active aging

은퇴생활의 중심은 직장이 아니라 내가 살고 있는 지역사회 community다. 선진국들에선 고령자들이 집에서 가까운 커뮤니티 시설에서 여가 생활을 하고, 지역사회가 중심이 된 평생학습과 자원봉사활동에 참여하면서 활기찬 노후생활 active aging을 한다. 지역사회가 나서서 고령자들의 건강관리와 여가생활을 지원하고, 고령자들의 다양한 경험을 지역사회의 자산資産으로 바꾸는 것이다. 이렇게 하면 지역사회에 대한 고령자들의 귀속감이 높아지고, 고령자 부양에 따른 사회적 비용도 절감하는 효과를 얻을 수 있다.

공동체 생활의 첫 걸음, 자원봉사활동

사실 은퇴생활이란 그동안 바쁘게 살아온 인생을 조금 더 느리게 살며 물질만능주의에서 벗어나 돈은 조금 덜 버는 대신 조금 덜 쓰는 삶이라고 할 수 있다. 특히 지금까지 자기만을 위해 살아온 사람들은 이제 남을 위해 사는 삶도 생각해 볼 필요가 있다. 이런 점에서 은퇴생활을 이웃과 사회에 봉사하는 자원봉사활동 또는 NGO비정부기구 활동으로 보내는 것을 한번 고려해 볼만하다.

자원봉사활동은 환경보호, 불우이웃돕기, 노인과 장애인 돕기, 기부 문화 운동, 중고품 재활용 운동, 저개발국가 돕기, 세계 오지국가 의료봉사, 쓰레기 줄이기 운동 등 여러 테마가 있다. 이 가운데 자신의 스타일에 잘 맞는 테마를 골라 자원봉사활동을 시작하면 노후에 큰 기쁨을 얻을 수 있다.

자료 : 「100세 시대, 어떻게 행복하게 살 것인가?」(전홍택 등/경제·인문사회연구원)

추천사 1

좋은 노년, 아름다운 인생

– **차흥봉** | 세계노년학회IAGG 회장, 전 보건복지부장관

노년학에서는 보통 인생주기를 4단계로 나누어 설명한다. 태어나서 자라고 학교에서 공부하는 제1의 인생, 학교를 졸업하고 직업에 종사하며 사회생활을 하고 가정을 이루어 자녀를 양육하는 제2의 인생, 직업생활을 마치고 자녀를 모두 출가시킨 뒤 은퇴생활을 하는 제3의 인생, 마지막으로 노쇠, 질병상태로 죽음에 이르는 제4의 인생 등이다. 이중 제3의 인생을 흔히 노년기라고 한다. 제3의 인생은 그 전 단계의 직업생활과 자녀양육 책임에서 벗어나 자기가 하고 싶은 일을 하며 좋은 생활을 할 수 있는 시기다. 그래서 노년기를 '골든 에이지 Golden Age'라는 말로 표현하고 있다. 자기가 하고 싶은 일을 하며 멋지게 살아갈 수 있는 황금 같은 시기라는 뜻이다.

인생을 아름답게 마무리하기 위해서는 노년이 좋아야 한다. 한창 때 잘 나가던 사람이라도 노년이 불행하면 인생 전체를 불행하게 마무리하게 된다. 반대로 성년기까지 수많은 곡절을 겪고 어렵게 살아온 사람도 노년기를 좋게 보내면 인생 전체를 아름답게 마무리할 수 있다.

그러면 어떻게 하면 노년기를 좋게 보낼 수 있는가? 어떻게 하면 성공적 노년생활을 할 수 있는가?

동서고금을 통하여 인간이 좋은 노년을 살아가기 위해 필요한 조건에는 몇 가지 공통점이 있다. 건강이 1차적으로 중요하고 물질적인 조건 또한 중요하다. 이 두 가지는 필요조건이다. 2009년 프랑스 파리에서 개최된 제19차 세계노년학대회의 주제는 '건강, 장수와 부 health, longevity, wealth'였다. 세계 모든 노인문제 전문가들도 성공적인 노년을 위해 건강과 경제적 생활 조건이 중요하다고 이야기하고 있는 것이다.

동양사회에서 오래전부터 전해 내려오고 있는 오복五福 중에서도 가장 중요한 것은 수壽, 부富, 강녕康寧이다. 그러므로 좋은 노년기를 보내기 위해서는 개인적 차원에서 건강을 관리해야 하고 물질적인 조건으로 경제적 능력을 유지해야 한다. 이 두 가지 조건을 갖추는 데 개인의 능력만으로는 한계가 있다. 그래서 국가적 차원에서 노인복지정책으로 이를 도와주려는 노력이 필요하다. 건강보험이나 국민연금 같은 복지정책은 바로 이러한 목적으로 만들어진 것이다.

그런데 이 두 가지 조건을 갖춘다고 해서 모두 노후인생을 성공적으로 보낸다는 보장은 없다. 인간은 일하는 존재다. 노년기에도 건강이 허락하면 일하는 것이 인간의 존재양식에 맞다. 일하면 건강이 더 좋아지고 경제적 생활에도 보탬이 된다. 일석이조, 일석삼조의 효과가 있는 것이다. 그러므로 노년기를 좋게 보내기 위해서는 활동하고 일하며 살아야 한다. 또 인간은 사회적 동물이다. 그래서 사회적 관계 속에서 자신의 역할을 수행하고 자신의 가치를 발휘해야 하며, 좋은 인간관계를 유지하며 살아야 한다. 사회적 활동과 참여, 가족, 이웃, 친구 등의 사회적 관계 유지가 중요하다.

또한 인간은 정신적으로 생각하는 존재다. 때문에 심리학적 측면에서 자아존중감을 유지하며 삶의 만족감을 누릴 수 있어야 한다. 이러한 것들이 좋은 노년을 보내는 데 필요한 충분조건이다. 이들 조건은 국가의 도움 없이도 자기 스스로 만들어 갈 수 있는 것이다. 좋은 노년을 살아가기 위하여 필요한 이런 조건은 자신의 선택여하에 따라 만들어갈 수도 있고 못 만들어갈 수도 있다. 이 점에서 노후생활에 대한 개개인의 태도와 행동이 매우 중요하다.

이 책의 저자는 노년을 아름답게 살아가는 사람을 '명품노인'이라고 했다. 노년기에 명품노인으로 살아가기 위한 조건들로 저자는 사람(활발한 인간관계), 돈(적절한 경제력), 건강(스스로 관리할 수 있는 건강), 일(존재감을 느낄 수 있는 일), 시간(보다 즐거운 생활을 위한 여가활동) 등 다섯 가지를 제시하고 있다. 그리고 저자 자신이 그것을 실천하기 위해 노력하고 있다.

저자는 1945년 광복둥이로 태어나 제1의 인생기에는 전쟁과 가난의 어려움을 겪었고, 제2의 인생기에는 산업화 과정을 거치며 공직생활을 통해 국가발전에 기여했다. 그리고 이제 은퇴단계인 제3의 인생을 맞이해 명품노인의 삶을 스스로 살아가고 있다. 저자는 공직을 은퇴한 뒤 제3의 인생기에 다시 대학원에 입학해 공부하고 새로운 일자리를 얻어 열심히 일하고 있다. 그야말로 활동적 은퇴생활의 모범이라고 할 수 있다.

원래 은퇴를 뜻하는 말의 영어 단어는 'retirement'다. 이 말은 타이어를 다시 갈아 끼운다는 음절로 구성되어 있다. 우리나라 말의 은퇴隱退는 물러나 조용하게 지낸다는 뜻을 지니고 있는 데 반해 영어의 retirement는 타이어를 갈아 끼우고 다시 달린다는 의미를 담고 있으니 동서양의 문화 차이를 반영하고 있는 것인지도 모르겠다. 최근 유엔에서도 '활동적 은퇴active retirement'라는 말을 쓰고 있다. 은퇴 뒤에도 새로운 생활을 개척하며 활동적인 삶을 살아가는 것을 의미한다. 이 책의 저자처럼 은퇴한 뒤에도 활동적인 삶을 살아가는 사람들이 성공적인 노년생활의 모델이 되고 있다.

저자가 자신의 인생체험을 바탕으로 쓴 『명품노인』이 제3의 인생을 살아가고 있는 노년층이나 노년기를 준비하고 있는 많은 독자들에게 소개되어 성공적인 노년생활의 길라잡이가 되기를 기대해 본다.

추천사 2

고령화에 대한 도전과 응전

— **임채민** | 전 보건복지부장관

우리나라는 지금 세계에서 가장 빠른 속도로 고령화의 길을 가고 있다. 이는 우리 모두의 운명이고 어느 누구도 피해갈 수 없다. 이 눈앞의 도전에 대한 우리의 응전은 사회 구성원 각자의 냉철한 현실 인식과 구체적인 준비로부터 출발해야 한다.

저자는 삶을 통해 체득한 교훈과 연구를 통해 정리된 지식을 바탕으로 그 응전의 길을 제시하고 있다. 독자의 공감을 이끌어 내며 바로 실천에 옮길 수 있는 해답을 우리에게 알려주고 있다. 정부에서 고령사회 대응을 위한 여러 정책을 다루었던 나에게는 그때 미처 생각하지 못했던 것들을 일깨워 주기도 했다. 고령화를 두려움 없이 맞이하려면 개인과 가정, 정부와 사회 전체가 함께 나서야 한다. 이 책이 노인이나 베이비부머를 위한 노후준비 지침서에 머물지 않고, 모든 세대가 함께 읽고 공감하는 세대 통합의 길잡이가 되었으면 한다.

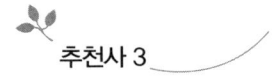
추천사 3

경험과 전문지식이 어우러진 노후준비 지침서

— 박기출 | 삼성생명 은퇴연구소장

삼성생명 은퇴연구소에서 함께 일하면서 본 서사현 고문은 책 제목처럼 '명품노인'이다. 진짜 명품노인이 쓴 『명품노인』, 제목만으로도 호기심을 불러일으키는 책이다. 그래서 서 고문의 『명품노인』 원고를 처음 받았을 때, 과연 은퇴와 노후의 삶에 대한 이야기를 어떤 식으로 풀어 나갔을지 무척 궁금하고 설레었다.

최근 베이비붐 세대의 은퇴가 본격적으로 시작되면서 노후에 대한 사회적 관심이 갈수록 커지고 있으며, 이는 개인의 문제를 넘어선 국가적인 이슈이기도 하다. 그러다 보니 학계, 금융권, 정부기관 등에서 연일 은퇴와 노후준비에 관한 수많은 책들이 쏟아져 나오고 있다. 하지만 번역서나 딱딱한 보고서 형태의 지침서 등이 주류를 이루고 있는 게 현실이다.

이런 번역서나 지침서는 은퇴와 노후설계를 연구하는 전문가들에게는 활용도가 높지만 정작 은퇴를 앞두고 있는 당사자들은 가슴에 잘 와 닿지도, 쉽게 읽히지도 않는 경우가 많다. 특히 번역서들은 '은퇴'를 바라보는 우리 사회의 시각이나 실상과는 차이가 있는 서구 선진국에서 쓰인 책들이 많다 보니 공감대가 떨어진다.

반면, 서 고문의 『명품노인』은 은퇴자 또는 예비 은퇴자들이 꼭 알아야 할 내용들을 은퇴한 남성의 삶을 빌어 부드럽게 풀어내고 있다. 독자들로 하여금 "그런가?"가 아닌 "이렇게 하면 되겠구나!"라는 반응을 이끌어 낼 수 있는 책이다. "맞아, 나도 그래" 하면서 고개를 끄덕이게 만드는 대목도 많다.

이 책은 한마디로 서 고문의 경험에서 우러나온 진솔하고도 애틋한 고백을 담은 한 편의 수필과도 같다. 여기에 실생활에 적용할 수 있는 유용한 팁과 명품노인 특유의 위트와 유머가 더해져 독자들의 지루함을 말끔히 씻어준다.

그렇다고 은퇴한 한 남성의 삶의 이야기가 이 책의 전부는 아니다. 서 고문의 사회복지학 석사논문 『노인들의 의사소통 기술과 자아존중감의 관계』의 내용과 삼성생명 은퇴연구소의 연구결과물 등을 통해 은퇴와 노후준비에 대한 다양한 정보와 전문지식을 대중에게 전달하고 있다. 그러면서도 은퇴자 또는 은퇴를 앞두고 있는 사람 모두가 공감하며 읽을 수 있는 내용으로 구성돼 있다는 것이 이 책이 여느 노후준비 지침서와는 다른 점이다.

사람들이 명품을 갖고 싶어 하는 이유는 단순하다. 명품에는 장인의 땀과 정성, 인고의 세월이 고스란히 녹아 있기 때문이다. 보통 명품가방 하나를 만들기 위해서는 200여 개의 공정을 거쳐야 한다고 한다. 재료가 좋고, 바느질 솜씨가 훌륭하다고 명품이 아니라 각 분야의 장인들 모두가 제 역할을 충실히 해내야 진정한 명품이 되는 셈이다.

서사현 고문이 말하는 명품노인도 마찬가지다. 노후의 행복은 사람, 돈, 건강, 일, 시간의 다섯 가지 요소가 모두 균형을 이룰 때 완성되며, 이것이 곧 명품노인이 되는 비결이기도 하다. 만들기가 쉽지 않아 더 값어치가 있는 명품처럼 이 다섯 가지 요소를 모두 갖춘 명품노인이 되는 길도 쉽지 않다. 명품가방이야 돈으로 살 수 있지만 명품노인은 우리가 일생을 걸고 스스로 만들어 나가야 할 과업이기 때문이다.

명품노인이 되는 것은 그 어떤 명품을 소유하는 것보다도 값진 일이다. 노후를 잘 준비해 명품노인이 되고자 한다면 이 책은 꼭 한 번은 읽어야 할 책이라고 생각한다. 또한 은퇴나 노후를 막연하게 생각하는 20~30대 젊은 층에게도 그들의 아버지의 삶을 이해하고 자신의 명품 노후준비를 위해 이 책을 읽을 것을 권한다. 저자가 자신의 삶을 통해 얻은 교훈이 여러분의 삶에도 그대로 전해질 것이다.

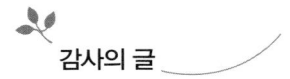
감사의 글

내가 공직에서 은퇴한 뒤 포기한 일은 딱 두 가지다. 두 가지 모두 근자의 일인데, 그중 하나는 대학원 박사과정을 시작했다가 중도에 그만둔 일이다. 건국대 박사과정이 충주로 옮겨가면서 일단 물리적으로 힘이 들었고, 이미 석사과정에서 공부한 것을 사회에서 풀어먹고 있으니 공부에 대한 아쉬움도 어느 정도 가신 것이 두 번째 이유였다.

또 하나는 백두대간 종주를 끝맺지 못하고 51구간 중 42구간을 마치고 마무리한 일이다. 백두대간 종주를 시작한 것은 내가 산을 좋아한 까닭도 있지만, 내 자신에 대한 시험으로서의 의미가 컸다. 나이와 상관없이 스스로 체력과 건강을 관리하겠다는 다짐을 실천할 수 있을지 검증해 보고 싶었던 것이다. 하지만 지난겨울, 혹독한 추위와 폭설 속에서 산행을 감행하며 이게 그렇게 완주 자체에 의미를 두고 고집을 부릴 일은 아니구나 하는 생각을 갖게 되었다. 몸을 혹사시켜 가면서까지 완주하는 데 의미가 있는 시험은 아니었던 것이다.

하지만 채 끝맺지 못한 박사과정과 백두대간 종주에 아쉬움은 없다. 그 시작과 더불어 나는 이미 목표를 이룬 것이나 진배없기 때문이다. 내게 그런 목표를 세우고 도전할 수 있는 기회를 허락한 것만으로도 나는 너무 감사하다. 나이가 들면 세상과 세월에 맞서 싸우는 것만이 능사가 아님을 또 한 번 배운 것이다.

그 외에도 내게는 감사한 일이 참 많았다. 요즘은 뒤늦게야 대학원에 들어가 사회복지학을 공부하게 된 것이 내게는 운명이었나 보다 하는 생각을 종종 한다. 늦깎이로 시작한 새로운 공부는 내 자신의 노년을 점검하고 설계하는 데 소중한 동기를 부여해 주었다. 또한 나의 마지막 무대가 될 삼성생명 은퇴연구소와 인연을 맺어주었으니 이처럼 감사한 일이 또 어디 있겠는가.

또한 이 책을 쓰는 데 직접적으로 도움을 주신 분도 많다. 지식경제부 제1차관과 국무총리실장을 역임하고 보건복지부장관을 지낸 임채민 전 장관님은 나이는 나보다 어리지만 항상 친구처럼 마음이 잘 통하는 분이다. 내게 책을 쓸 수 있도록 용기를 주신 점 진심으로 감사드린다. 그리고 한국 노인복지론의 대가이신 서울대 명예교수 최성재 선생님은 내게 참 많은 가르침과 영감을 주셨다. 사회복지학 전공자라는 점에서 내게는 대 선배님이자 선생님이시다. 깊이 머리 숙여 감사드린다.

금년 6월 24일부터 27일까지 코엑스에서 개최되는 '제20차 세계노년학·노인의학대회 IAGG 2013' 조직위원장이신 차흥봉 전 보건복지부 장관님은 항상 활기에 넘치는 모습으로 현역으로 활동하고 계셔서 내가 항상 부러워하는 분이다. 한국사회복지협의회 운영과 IAGG 준비에 경황이 없는 와중에도 나의 저작활동에 관심을 가져주신 점, 깊이 감사드린다.

IAGG 후원에 큰 결심을 해주신 삼성생명 박근희 대표이사 부회장님께도 무한한 감사를 전하고 싶다. 삼성생명 은퇴연구소에 대한 관심과 애정의 발로로 그렇게 큰 품을 내주셨다고 생각하니 가족처럼 따뜻하게 느껴진다. 삼성생명 은퇴연구소 박기출 소장도 나와 뜻이 잘 맞는 사람이라 집필 과정에 큰 도움을 주었다. 서로 이야기를 주고받는 와중에 머릿속을 어지럽히던 여러 가지 생각을 정리할 수 있게 해주신 점 감사드린다.

　부족한 원고를 잘 다듬어 읽기 좋게 만들어주신 토트출판사의 김난희 주간과 흔쾌히 출간을 허락해주신 김영범 대표께도 감사의 마음을 전하고 싶다. 특히 김영범 대표는 항상 반듯하고 강단이 있어 후배인데도 배울 점이 많은 분이다.

　마지막으로 이 책의 모티브가 되어준 우리 세 아이와 그 가족들, 그리고 아내에게 감사의 마음을 전하고 싶다. 아내는 언제나 조용히 내 곁을 지켜주는 사람이었다. 고지식하고 깐깐한 사람을 평생 어머니처럼 돌보며 내조해준 아내에게 무한한 애정과 신뢰를 보내며 이 책을 내 사랑의 증표로 아내에게 바치고 싶다.

　내 나이 내일모레면 일흔. 쉼 없이 달려온 삶, 후회는 없다. 평생 '450815'와 '선비 사士'라는 운명의 지침에 부끄러움 없이 살았고, 남에게 손가락질 받거나 양심에 꺼리는 일은 해본 적 없으니 그런 환경을 허락한 운명과 주변의 모든 분들께 감사의 마음을 전하고 싶다.

　진심으로 감사합니다.